はじめに

　2000年に介護保険が開始され、多くの人が自宅や施設で介護を受けるようになりました。そしてまた介護士や看護師等、多くの職種の人たちが介護にかかわるようになってきました。

　介護が円滑に行なわれるためには、介護にかかわる者同士がお互いにコミュニケーションをとることが必要となりますし、要介護者とのコミュニケーションも重要です。特に要介護者とのコミュニケーションにおいては、介護者から一方的に情報を与え、指示するだけの対応よりも、要介護者と情報を共有し、要介護者自身がその問題に取り組むことができるような意欲を引き出す対応をすることで状態の改善が期待できます。

　介護におけるコミュニケーションがうまくとれているケースでは、要介護者の心身状態は比較的安定し、落ち着いた経過をたどることが多く、コミュニケーションがとれていないケースでは色々と問題が生じることが経験されます。このようにコミュニケーション能力は効果的な介護をするためには必要不可欠な能力であると言うことができます。

　介護にかかわる者がコミュニケーション能力を求められる理由は、何も効果的な介護をするためだけではありません。介護の現場はストレスが多いと言われていますが、適切なコミュニケーション法を習得することは、対人関係のストレスを減少させることに役立ちます。

　コミュニケーションの習得はスポーツと同じです。解説本を読むだけではスポーツは上達しません。実際にやってみて、うまくいったり失敗したり、それらを繰り返しながら少しずつ上達していくものです。コミュニケーションも同じで、うまく相手の反応が得られなければ、得られるまで何度も工夫して伝えるということを体験しなくてはなりません。それは心理的に居心地の悪さを体験させるかもしれません。しかし、それは今までの慣れているコミュニケーション法と異なった体験をしているためです。はじめは居心地が悪くても、それを繰り返しているうちに少しずつ慣れていくものです。

　本書ではコミュニケーションの基本知識のほか、要介護者の心理、スキル等について述べています。専門的な医療知識についても紙幅をとっていますが、ご自身の興味・関心があるところから読み進めても構いません。

　適切なコミュニケーション法を習得し、自分も相手も大切にするかかわりをすることができるよう、本書がそのガイドブックになれれば幸いです。

著者　及　川　信　哉

目　　次

はじめに

第1章　コミュニケーション習得が求められている背景

この章でお伝えすること……………………………………………………………… 2
1．コミュニケーションを学ぶ意義…………………………………………………… 3
2．介護者が特にコミュニケーションを学ばなくてはいけない理由……………… 4
3．介護ストレスについて……………………………………………………………… 5
4．介護ストレスに影響を与えるもの………………………………………………… 7
5．介護従事者の離職について………………………………………………………… 8
6．燃え尽き症候群（バーンアウト）………………………………………………… 9

第2章　コミュニケーションの基本

この章でお伝えすること……………………………………………………………… 12
1．コミュニケーションとは…………………………………………………………… 13
2．コミュニケーションの目的………………………………………………………… 14
3．コミュニケーションの方法………………………………………………………… 15
4．メラビアンの法則…………………………………………………………………… 16
5．コミュニケーションにおける基本的欲求………………………………………… 17
6．介護現場で求められるコミュニケーション……………………………………… 18

第3章　コミュニケーションスキル

この章でお伝えすること……………………………………………………………… 22
1．コミュニケーションスキルの学び方……………………………………………… 23
2．相手の気持ちに寄り添う（共感的理解）………………………………………… 23
3．非言語的メッセージを効果的に利用する………………………………………… 25
4．相手を観察する……………………………………………………………………… 29
5．相手の話を聴く……………………………………………………………………… 30
6．相手に伝える………………………………………………………………………… 35
7．ラポール（信頼関係）を構築する………………………………………………… 40
8．注目を与える………………………………………………………………………… 41
9．相手に関心を持って接する………………………………………………………… 43
10．適切な距離、位置…………………………………………………………………… 44
11．コミュニケーション能力を自己評価する………………………………………… 45

12．ティーチングとコーチング……………………………………46
　13．意見の違いを認める………………………………………………48
　実践　チャレンジ・トレーニング………………………………………49
　　1．共感のワーク………………………………………………………49
　　2．基本的態度を身につけるためのワーク…………………………49
　　3．相手の話を聴くためのワーク……………………………………50
　　4．ラポールのワーク…………………………………………………51
　　5．注目のワーク………………………………………………………51
　　6．相手に関心を持つためのワーク…………………………………52
　コラム：「訊く」「聞く」「聴く」の違い……………………………53

第4章　コミュニケーションを妨げるもの

　この章でお伝えすること………………………………………………56
　1．なぜコミュニケーションに壁が生じるのか？……………………57
　2．メッセージに影響を与えるもの……………………………………58
　3．認知の歪み……………………………………………………………63
　4．コミュニケーションを継続するために必要なもの………………66

第5章　高齢者の理解

　この章でお伝えすること………………………………………………70
　1．超高齢社会の到来……………………………………………………71
　2．増える要介護者………………………………………………………71
　3．老化……………………………………………………………………72
　4．老化の原因……………………………………………………………73
　5．老化による身体変化…………………………………………………74
　6．高齢者の心理状態……………………………………………………76
　7．高齢者の生きがい……………………………………………………79
　8．発達心理から見た高齢者……………………………………………81

第6章　要介護者とのコミュニケーション

　この章でお伝えすること………………………………………………86
　1．老化や疾患によるコミュニケーションプロセスの障害…………87
　2．コミュニケーションに影響を与える機能障害……………………87
　3．介護の現場における人間関係の特殊性……………………………92
　4．介護者の態度…………………………………………………………95
　5．介護者の心理状態……………………………………………………96

6．要介護者との依存関係を断ち切る……………………………………………… *97*
7．要介護者の心理状態……………………………………………………………… *98*

第7章　セルフケア

この章でお伝えすること……………………………………………………………… *100*
1．セルフケア………………………………………………………………………… *101*
2．欲求不満と葛藤…………………………………………………………………… *102*
3．ストレス…………………………………………………………………………… *103*
4．介護者にとって介護とは何か…………………………………………………… *107*

特別編　コミュニケーション困難事例の対処法

1．介護施設でのコミュニケーション　…………………………………………… *110*
2．訪問介護でのコミュニケーション……………………………………………… *114*

第1章

コミュニケーション習得が求められている背景

1. コミュニケーションを学ぶ意義
2. 介護者が特にコミュニケーションを学ばなくてはいけない理由
3. 介護ストレスについて
4. 介護ストレスに影響を与えるもの
5. 介護従事者の離職について
6. 燃え尽き症候群（バーンアウト）

この章でお伝えすること

テーマ① 現代はコミュニケーション能力が低下

「どうして、コミュニケーションが必要なのですか？」

「今の時代、インターネットをはじめ、さまざまなコミュニケーションツールが普及しています。しかし、その一方で対面のコミュニケーション能力は低下しています。コミュニケーションの基礎を学び直すことは、とっても重要ですね」

テーマ② 介護者においてのコミュニケーション習得

「友人、趣味の仲間と十分コミュニケーションしているつもりだけどそれではダメなの？」

「介護従事者にとってコミュニケーションは、必須のスキル。要介護者との信頼関係を構築する際にも必要です。また要介護者とコミュニケーションをとることは、通常のコミュニケーションの場合よりもさらに注意深く、要介護者の表情や身ぶり、態度にも意識を払わなければなりません」

テーマ③ 家族も多大なストレスがかかっている

「要介護者の家族も大変です」

「介護者が家族の場合、『自分が頑張らなければ』と思いがち。問題を抱え込み、さらにストレスを受ける傾向があります。周囲の理解と協力、要介護者との良好な関係の維持、適切な介護サービスの利用などが必要です」

テーマ④ 介護スタッフが燃え尽き症候群に陥ることも

「私たち介護スタッフも大変なんです」

「待遇面の問題はもとより、さまざまな要因で介護スタッフの離職率は高く、職務に没頭した人が燃え尽き症候群に陥る場合もあります。上司や同僚とのコミュニケーション不足が原因の一つに考えられています」

1. コミュニケーションを学ぶ意義

人は人とのかかわりの中でしか生きていけない

現代はコミュニケーションが難しい時代

　介護の世界は人間関係が濃密になりやすく、ストレスを自覚している人は少なくありません。対人関係のわずらわしさから、すべてを投げ出し、今の状態をリセットしたいと考えたことのある人は少なくないと思います。

　現代はコミュニケーションが難しい時代だといわれ、対人関係にストレスを感じながら生活している人が増えてきています。近隣住人とのトラブルや仕事仲間とのトラブルなど、さまざまなトラブルの影にコミュニケーション不足が見え隠れしています。すべてを投げ出し、自分勝手に自由に振る舞いたいと希望しても、人は人とのかかわりの中でしか生きていくことはできません。しかし、人と人とがかかわれば、そこには何かしらの制約が生まれます。つまり私たちはその制約による影響を少なくするために、他者とコミュニケーションをとっているともいえるのです。

　現代は昔と比べて、言論の自由は保障され、個性も尊重されています。インターネットも普及し、誰でもどこにいても自由に発言することができます。メールを用いたコミュニケーションは年代を問わず盛んに行われており、多い人は１日に100通以上のメールをやりとりしているともいわれます。しかし、たとえメールでのコミュニケーションがうまくできたとしても、実際に相手と向かい合うと、本当に言いたいことが言えずに我慢したり、逆に相手の言葉に過剰に反応して相手を攻撃したり、中にはかかわりを拒絶してしまう人もいます。メールを用いたコミュニケーション能力は向上しているかもしれませんが、対面でのコミュニケーション能力は低下しているように思います。

求められているのはコミュニケーション能力

　このような環境の中で、私たちに求められるものの一つはコミュニケーション能力であることは間違いありません。いくら学歴が高くても、他者とコミュニケーションがうまくとれなくては、自分が望む成果を手に入れることは難しい時代となっています。しかし、私たちは今までコミュニケーションについて、体系立てて学んだことがありません。親や先生や大人たちから教えられたり、今までの自らの成功や失敗から体験的に学び取り、それらを参考にしてそれぞれのコミュニケーションスタイルはできあがったのです。自らのコミュニケーション法を振り返り、コミュニケーションの基礎について学び直すことは、コミュニケーションの重要性が叫ばれているこの時代において、とても大切なことなのです。

2. 介護者が特にコミュニケーションを学ばなくてはいけない理由

コミュニケーションは要介護者を支える基本

要介護者の信頼を得るために

　介護の世界では、介護者（本書では介護を行う人を指します）と要介護者（本書では介護を受ける人全般を指します）の年齢差が大きく、介護者はそれぞれ価値観や人生観の異なる人たちと接していかなくてはなりません。同年代であれば簡単に理解し合える内容も、世代が異なれば受け取り方に違いが見られ、そのことで誤解などが生じることもあります。

　介護者は、家事や介護を通じ、要介護者の生活を支援しています。しかし、家事や介護の技術を提供するだけでは、十分なケアができるわけではありません。介護者は単に家事や身体面のケアをすることだけを求められているのではなく、要介護者の心に目を配り、支援することも同時に求められているのです。いくら介護技術が高度であったとしても、要介護者の信頼を獲得することができなければ、良い介護者にはなり得ないですし、時には関係そのものを拒否されることもあります。つまり介護者は要介護者の信頼を獲得することが、介護においては重要なポイントとなるのです。

介護者側からの積極的なコミュニケーションを！

　効果的な援助を行うためには、要介護者を中心として、その人に合わせた介護をする必要があります。そのためには要介護者の気持ちや希望、何よりも要介護者自身のことを深く理解する必要があります。適切なコミュニケーションは要介護者の理解を深めることに役立ちます。

　さらに、施設に入所している要介護者およびその家族は、施設の介護職員に対して「お世話をしてもらっている」と遠慮を感じていて、思ったことのすべてを、率直に伝えにくいという現実があります。そして、認知症や意思伝達に障害のある要介護者の場合も、介護職員に対して自らの希望や不満といった意思を上手に伝えたり、相手の意向をくみ取ったりすることができなくなる場合があります。これらの問題が生じると、信頼関係は結ばれにくく、効果的な介護ができなくなります。それらを避けるためには、介護職員側からの積極的なコミュニケーションが必要となります。

　要介護者は何かしらの疾患によりコミュニケーション能力が障害を受けている場合もあります。例えば、脳梗塞などにより、失語症を来した場合は、要介護者は話したり、聞いたりする機能が障害を受けています。そのような要介護者とコミュニケーションをとることは、通常のコミュニケーションの場合よりもさらに注意深く、要介護者の表情や身ぶり、態度にも意識を払わなければなりません。

　また、介護により介護者、要介護者は共に心身に大きなストレスを感じていることが多いため、ストレスによる精神状態の不安定さから、コミュニケーションは大きく影響を受けることになります。

表1　コミュニケーション習得が求められる理由

1. 現代は価値観が多様化し、意思疎通が困難となっている。
2. 要介護者と介護者は年齢差が大きく、生まれ育った時代背景も異なるため、意見の相違や受け取り方の違いが生じやすい。
3. 要介護者は疾患によりコミュニケーションの過程が障害を受けていることがあり、介護者が配慮する必要がある。
4. 介護ストレスにより、介護者、要介護者共に疲労しており、不適切なコミュニケーションをとることがある。
5. 施設介護の場合、要介護者、家族は介護職員に遠慮し、伝えたいことが十分に伝え切れないことがある。
6. 介護者と要介護者が信頼関係で結ばれることにより、介護の質、要介護者の生活の質が改善する。
7. 効果的な援助を行うために要介護者のことを深く知る必要がある。

　このように介護の現場では、さまざまな要因がコミュニケーションに大きく影響を与えることになります。介護者が要介護者に対して、コミュニケーションの基本的態度をしっかりととることができたとき、要介護者は、介護者を受け入れ、信頼し、安心して、相談することができるようになります。そして、介護者も要介護者と信頼関係で結ばれることにより、介護のストレスを軽減することができ、意欲を持って介護を継続することができるようになります。

3. 介護ストレスについて

介護の世界はストレス過多

7割近くの介護者がストレスを感じるという事実

　介護ストレスとは、介護にかかわっている人に精神的・肉体的に表れる症状のことです。介護ストレスは介護者自身に大きな負荷を与え、身体や精神の不調を訴えやすくなり、時にはうつ状態になることもあります。また、ストレスによる精神状態の不安定さから、要介護者に対し虐待を加えたり、また、過重負担から燃え尽き症候群（P9参照）を引き起こし、介護放棄を招くこともあり、現在大きな社会問題となっています。

　厚生労働省が発表した「平成28年国民生活基礎調査」では、要介護者・要支援者と同居している主な介護者の悩みやストレスについて調査しています。その結果、「悩みやストレスがある」と答えた人は男性が62.0％、女性が72.4％と実に7割近くの介護者が日々の生活の中で何らかのストレスを自覚しているという結果となっています。

　ストレスの原因としては、「家族の病気や介護」が最多で7割を占めています。次いで、「介護者自身の病気や介護」が2番目に多く3割を占めています。その他に「金銭的問題」「家族との人間関係」「自由にできる時間がない」が挙げられています（調査は複数回答による）。

ストレスが心身の不調の原因に

　介護ストレスが高じてくると、まず介護者は疲れやすくなったり、頭痛や肩こりなどの身体的不調を感じやすくなったりします。こうして身体の不調からストレス症状は出現し、睡眠不足やイライラ感など精神症状が表れ、さらに悪化すると、被害妄想、あるいは自分や他者に対する攻撃性が見られることもあります。

　介護ストレスを感じやすくなる背景として、多くの介護者が「自分が頑張らなければ」と自分一人で問題を抱え込む傾向があることが指摘されています。「がんばらない介護生活を考える会」の調査によると、回答のあった75％の介護者が「自分が頑張らなければならないと強く思うことがある」と答えています。また、介護者の90％は介護の一部でも介護士等に任せたいと考えていますが、実際に介護士を依頼しているのは全体の65％に留まっています。しかも介護者の70％は女性であり、「介護は女性の仕事」「親を見るのは子の務め」という風潮も「自分が頑張らなければ」という思いを強める原因となっています。

表2　介護サービスを受けない理由（複数回答）

第1位　家族介護で何とかやっていける	45.6%
第2位　介護が必要な者（本人）で何とかやっていける	25.9%
第3位　外出するのが大変	8.4%
第4位　他人を家に入れたくない	6.6%
第5位　受けたいサービスがない	5.1%

（平成19年国民生活基礎調査）

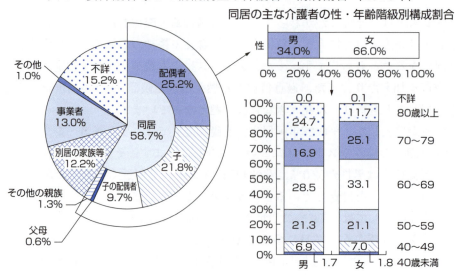

表3　要介護者等との続柄別主な介護者の構成割合（2016年）

注：熊本県を除いたものである。

表4　介護が必要となった原因疾患
　　　（上位3位）

第1位	認知症	18.0%
第2位	脳血管疾患（脳卒中）	16.6%
第3位	高齢による衰弱	13.3%

注：熊本県を除いたものである。
表3・表4は平成28年国民生活基礎調査による

　このように、介護の現場においては介護者が孤立し、介護を一人で抱え込む傾向があることが指摘されています。

4. 介護ストレスに影響を与えるもの

ストレスの背景には「不安」が山積

不安にさいなまれる介護者への救いの手とは

　介護の現場における介護者の精神状態を一言で表すとすれば「不安」であるといえます。病気そのものの不安、先が見えない不安、自分の時間が確保できない不安、金銭問題から波及する生活の不安、人間関係の不安等、介護者は不安の中で介護を行っているのです。このような状況の下、介護ストレスを軽減するためには周囲の理解と協力、要介護者との良好な関係の維持、適切な介護サービスの利用、介護者自身の介護に対する考え方の見直し等が役立ちます。

①周囲の人の理解と協力
　特に介護において家族をはじめとする周囲の人たちの協力と理解が得られている場合、介護者のストレスに対する耐性は強化され、介護ストレスによる症状を引き出しにくくなります。

②要介護者との関係を良好に保つ
　同じ介護であったとしても介護者と要介護者の関係により、介護者が苦痛と感じる割合は変化します。関係が良好に保たれた要介護者への介護では、介護ストレスは感じにくいのですが、関係が悪い要介護者への介護ではかなりのストレスを介護者は自覚しています。

③適切な介護サービスの利用を積極的に行う
　自宅で介護をしている場合、他人が家の中に入ってくるのが嫌だという理由で、訪問系の介護サービスの利用に抵抗を感じる人は少なくありません。しかし、介護のサポートを受けることで、肉体的なストレスの軽減が期待でき、さらに介護士からさまざまな介護の情報を入手することができます。

④介護者自身の介護に対する考え方を見直す

特に家族介護の場合、介護者は「介護は家族の仕事だ」と一人で抱え込み、頑張り過ぎてしまう傾向があります。頑張り過ぎず、抱え込まず、任せられるものは他人に任せ、前向きに自然体で介護をすることが、介護ストレスを軽減させる方法です。

5. 介護従事者の離職について

過重負担に苦しむ介護従事者

高い離職率の背景にあるものは？

公益財団法人介護労働安定センターが行った、介護労働実態調査結果（平成28年度）によると、訪問介護員、介護職員の1年間の離職率は16.7％となっています。離職者のうち、当該事業所に勤務した年数が「1年未満の者」は39.9％、「1年以上3年未満の者」は27.3％で、合わせると離職者の67.2％が3年未満で離職していたという結果でした。

離職の理由として、賃金が低い、結婚・出産・妊娠・育児のため、職場の人間関係が悪い等々が挙げられていますが、そのほかに従事業務の質と量の問題、利用者等との関係、家庭と仕事の両立の難しさなどを指摘する声もあり、介護の職場ではこうした過重負担が離職の原因の一つとなっていると考えられています。

表5　1年間の採用率・離職率　(％)

			採用率	離職率	増加率	離職者の内		
						1年未満の者	1年以上3年未満の者	3年以上の者
2職種計	（訪問介護員と介護職員）		19.4	16.7	2.7	39.9	27.3	32.8
	就業形態別	正規職員	17.0	15.1	2.0	34.3	29.0	36.7
		非正規職員　計	22.0	18.5	3.5	45.1	25.7	29.1
		常勤労働者	23.7	19.9	3.8	46.1	27.2	26.7
		短時間労働者	21.2	17.9	3.3	44.7	25.1	30.3
職種別	訪問介護員		16.8	15.4	1.4	37.5	27.0	35.4
	介護職員		20.4	17.2	3.2	40.8	27.4	31.8

（注）2職種計とは、訪問介護員と介護職員をいう。
　　　平成28年度介護労働実態調査結果（(公財)介護労働安定センター）

6. 燃え尽き症候群（バーンアウト）

コミュニケーション不足の果てに起こる症候群

介護者はそもそもバーンアウトに陥りやすい

　バーンアウトとは、職務に没頭していた人の慢性的で絶え間ないストレスが持続することにより、突然勤務意欲の低下を来し、社会的に機能しなくなってしまう状態になることとされています。バーンアウトで見られる症状としては、勤務意欲の低下ないし喪失、情緒不安定、他者との交流の減弱、慢性的疲労感、欲求不満等があります。

　介護職に就く者は、そもそもひたむきで自分への意識が強く、それゆえにバーンアウトに陥りやすいことが明らかにされており、なおさら前述の介護ストレスによるバーンアウトが問題となっているのです。

　バーンアウトの原因の一つに、上司や同僚とのコミュニケーション不足も考えられます。職場内でのコミュニケーション不足は、個人の精神的な疲労感を招きやすく、信頼関係の欠如による不満感の蔓延（まんえん）も招きやすいわけです。

　コミュニケーション能力を高め、上司や同僚、要介護者との良好な人間関係を構築することは、バーンアウトを防ぐだけでなく、介護の質を上げるためにも必要です。

第2章

コミュニケーションの基本

1. コミュニケーションとは
2. コミュニケーションの目的
3. コミュニケーションの方法
4. メラビアンの法則
5. コミュニケーションにおける基本的欲求
6. 介護現場で求められるコミュニケーション

この章でお伝えすること

テーマ① 情報の送り手と受け手の協力が不可欠

「コミュニケーションを分かりやすく言うと？」

「意思や感情などを共有すること。そのためにも、送り手と受け手の双方の努力、配慮が必要になります。一方的な情報のやりとりではなく、相互の情報交換によって相互理解が深まっていきます」

テーマ② コミュニケーションの成立要素

「コミュニケーションは言葉だけで成立しますか？」

「言葉を使った言語的コミュニケーションと、言語以外の手段を用いた非言語的コミュニケーションがあります。効果的なコミュニケーションを行うためには、言語・非言語のメッセージを一致させる必要があります」

テーマ③ コミュニケーションの背景にあるもの

「私たちがコミュニケーションをとりたいわけは？」

「自分のことを受け入れてもらいたい『受容』、誰かに認めてもらいたい『承認』、誰からも大事にされたい『重視』。人間には人が安心して生活するための3つの基本的欲求があり、コミュニケーションにより満たされます」

テーマ④ 介護現場では対等なコミュニケーションが不可欠

「介護現場だと、どうしても『～してください』という言い方が多くなります」

「要介護者と介護者が双方向に情報や感情などをやりとりする『情報共有型のコミュニケーション』が大事です。これにより、お互いを尊重する対等な関係を維持でき、要介護者が安心して生活できる環境が整えられます」

1. コミュニケーションとは

片方の側の努力だけでは不十分

情報の受け手と送り手双方の協力が必要

コミュニケーションは、ラテン語のcommunisという言葉が語源とされ、「共有の」「共通の」「一般の」「公共の」などの意味があります。

コミュニケーションとは、情報の送り手と受け手が協力し、お互いに情報を交換しながら、送り手と受け手双方が「意思」や「感情」「思考」などを共有しようとお互いに努力することです。

コミュニケーションはよくキャッチボールに例えられます。キャッチボール

では、お互いの胸をめがけて、丁寧にボールを投げます。受け取る方もしっかりと受け取り、そしてまた同じように相手の胸をめがけて、丁寧に投げることで、キャッチボールは成立します。

コミュニケーションも同じです。相手にしっかりと伝えることは大事ですが、そのときに**相手の受け取りやすい形にして伝えるという配慮が必要**です。そして**受け取る方も、相手が本当に伝えたいことをしっかりと受け取る努力をすることが必要**となります。このようにコミュニケーションはお互いが協力し、お互いに配慮して行われるものです。

一方通行のコミュニケーションは厳禁

介護の現場においては、介護者が行わなくてはならない業務はあまりにも多く、しかも限られた時間内で効率よくこなさなくてはならないため、情報収集、もしくは指示を中心とした一方通行のコミュニケーションがとられがちです。しかし、コミュニケーションとは相互の情報交換によって成り立つものですから、一方的な情報のやりとりだけで成立するものではありません。また、このような一方通行的なコミュニケーションを繰り返していると、要介護者との本当の信頼関係をつくりあげることは困難になります。

要介護者とのコミュニケーションにおいては、あくまでも双方の協力の下、相互に情報の交換を行いながら、相互理解を深めていくことが大事なこととなります。そして、そのことが介護を円滑に進めていくための土台となるのです。

2. コミュニケーションの目的

最も基礎的な介護者の心構えとは

信頼できる仲間との共同体の構築

　コミュニケーションに似た言葉に、コミュニティという言葉があります。コミュニティは、「地域社会」「共同体」「社会」という意味がありますが、コミュニティの語源は、コミュニケーションの語源と同じく、ラテン語のcommunisという言葉であるとされています。つまり、コミュニケーションと、コミュニティは非常に関連が深く、切り離せない関係にあるのです。

　私たちは自分の意思や感情、思考をお互いに伝え合うことで、お互いを理解し合うことができます。そして相互理解を深めることにより、お互いの信頼感が高まります。信頼関係の高まった仲間が集まると、そこには安心して生活できる社会が形成されます。つまり私たちがコミュニケーションをとるのは、相手と信頼関係で結ばれた共同体をつくることが目的であって、単に情報収集や伝達のためだけにしているのではありません。私たちは誰しも個人一人で生きているのではなく、社会の一員として生きています。私たちが安心して生活するためには、信頼できる仲間と安心できる生活環境が必要となるのです。そのために私たちはお互いに情報交換をするのです。思考や感情、要求などの情報を伝え合うことで、私たちは相互理解が深まり、それにより信頼関係がつくられていくことになります。

コミュニケーションの良否が介護の質を決める

　介護におけるコミュニケーションの目的も同様です。最終的な目標は、要介護者と信頼関係で結ばれたコミュニティを形成することにあります。

　介護の現場では人間関係は極めて濃密なものになりやすく、**要介護者とのコミュニケーションの良否により、介護の質が左右される**と言っても過言ではありません。つまり、介護者により要介護者の生活の質（QOL：クオリティ・オブ・ライフ）は大きく影響を受けることになるのです。

　介護とは生活援助や身体介護を通じ、要介護者の生活の質を高めることとされていますが、そのような介護を行うことで、要介護者が自己の信頼を取り戻し、積極的に自分の人生を歩むことができるように支援することができます。つまり介護とは、家事や身体介護を通じ、要介護者の人生を支援するということにもなります。

3. コミュニケーションの方法

さまざまな要素から成り立つコミュニケーション

成立要素は言葉だけではない

コミュニケーションは言葉を用いて行われることが多いと考えられがちですが、言葉だけでなく、表情や視線、しぐさなどでも実に多くのメッセージを伝えています。例えば誰かを呼び寄せたいときは、言葉で「こちらに来てください」と伝えることもできますし、またそのときに言葉に出さなくても、笑顔で手招きをすることで、こちらの意図を相手に伝えることもできます。このように言葉を用いたコミュニケーションを言語的コミュニケーションといい、言葉以外のもの、例えば表情や視線、しぐさなどを用いたコミュニケーションを非言語的コミュニケーションといいます。

言語的コミュニケーション

言語的コミュニケーションは、「言葉」を使ったコミュニケーションのすべてを対象とするので、手話や筆談などのコミュニケーションも言語的コミュニケーションに含まれます。言葉はさまざまな情報を相手に伝えたり、また相手から受け取ったりすることができます。このように情報伝達には言葉を使用することが最も効率的です。実際のコミュニケーションにおいても私たちは言語的メッセージを重視しています。

非言語的コミュニケーション

非言語でも言葉以上に感情を伝えることも可能

非言語的コミュニケーションとは、言語以外の手段を用いたコミュニケーションのことで、例えば、身ぶり、姿勢、表情、目線に加え、服装や髪形、声のトーンや声質を用いて行うコミュニケーションです。非言語的コミュニケーションは間接的なメッセージを与えますが、状況により、言語的コミュニケーション以上に相手に感情や思考を伝えることができます。例えば、認知症などの要介護者は言語的コミュニケーションが障害を受けていることがあるため、自分のことを伝えたり、相手の話を受け取ったりすることができないことがあります。そのような状況では言語的メッセージよりも、うなずきや笑顔などの非言語的メッセージの方が力強く相手に伝わります。

私たちはコミュニケーションを行うとき、相手を見て、聴いて、感じています。言葉だけで判断することはあまりせず、外見や態度、口調などから得られる情報を総合して相手の伝えたいことを受け止めています。つまり言語的コミュニケーションと非言語的コミュニケーションは、それぞれ独立して行われるものではなく、同時に行われるものであるということになります。

4. メラビアンの法則

情報の受け手を混乱させてはいけない

言語と非言語のメッセージを一致させる

　効果的なコミュニケーションをするためには、言語的・非言語的メッセージを一致させる必要があります。もし、言語的メッセージと非言語的メッセージの間に内容の不一致や矛盾が発生した場合は、受け手は話し手からそれぞれ異なる情報を与えられるため、混乱を生じ、不快な思いをすることになります。

　アルバート・メラビアン（アメリカの心理学者　1939-）が1971年に提唱した法則（メラビアンの法則）によると、言語（単語）、声のトーン、態度が矛盾したメッセージを与えられたとき、各要素がメッセージ伝達に占める割合は、言語：7％、声のトーン：38％、態度：55％といわれています。

　実験の意図としては、言語的メッセージと、非言語的メッセージが矛盾している場合、聴き手は言語、声のトーン、態度の3つの要素のうち、どの情報を重視するかを確認することでした。実験方法としては、被験者に顔写真を見せながら、テープレコーダーに吹き込まれた音声を聴かせ、話し手がどのような感情を持っているかを調べるやり方で行われました。

　これらの実験から、言語的・非言語的メッセージとの間に矛盾を感じたとき、人は言葉そのものではなく、非言語的メッセージに敏感に反応する傾向があるということが分かりました。

　メラビアンの法則は、態度だけでその人の意図が伝わるということを言っているのではありません。言語的・非言語的メッセージに矛盾を感じ、受け手が混乱したときは、受け手はコミュニケーションにおいて優勢な要素の方を受け入れるため、非言語コミュニケーション（38+55％）の方を、言ったとおりの言葉（7％）よりも重視する傾向が見られるということを言っているのです。

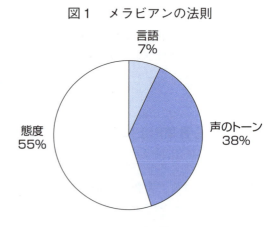

図1　メラビアンの法則

5. コミュニケーションにおける基本的欲求

他者から必要とされている証がほしい

コミュニケーションが私たちに必要なわけ

人は常に誰に対しても、「自分を受け入れてもらいたい」という欲求があり、常に他人からの「受容」を求めるといわれます。また「自分の良さを理解し、認めてもらいたい」と「承認」を欲しがったり、さらには「私を特別な存在と思ってほしい」というように、「重視」されたいという欲求も持っています。このように、人は受容、承認、重視の基本的欲求があり、この欲求を満たし合うことが人間関係の基盤となっており、コミュニケーションの基本ともなります。

「受容」：受け入れてもらいたい欲求

「受容」は、自分のことを受け入れてもらいたいと願う気持ちです。朝、「おはよう」と声を掛けたときに無視をされたり、名前を呼んでも返事がないとき、私たちはどのような気持ちになるでしょうか？　きっと、「私は嫌われている」などと不安な気持ちになったり、怒りがこみ上げてくると思います。これが続くと、「私はここにいてはいけないんだ」とか「私は必要のない人間だ」と自己を受け入れられなくなることもあります。

「承認」：認めてもらいたい強い欲求

「承認」とは、誰かに認めてもらいたいと願う気持ちであり、ほめたり励ましたりすることもこの「承認」に入ります。頑張ったときには、「頑張ったね」とねぎらってもらいたいし、成果を上げたときには認めてもらうと、意欲が高まり、前向きな行動をとりやすくなります。この承認が得られないと、人は自分自身を認め、受け入れることが難しくなります。

「重視」：人から大事にされたい欲求

「重視」とは、誰からも大事にされたいと願う気持ちです。「ねぇ」とか「ちょっと」と呼ばれるよりも、名前で呼ばれる方が大事にされていると実感できます。自分自身に価値があると感じ、自己を受け入れることができるのです。

これらの欲求が満たされないと人は非常に不安になります。それは自分は他者から必要とされない価値のない人間であるというメッセージだと受け取るからです。つまり「受容」「承認」「重視」は人がその社会で安心して生活するための基本的欲求なのです。

6. 介護現場で求められるコミュニケーション

積極的な意思疎通を図るために

介護では情報共有型のコミュニケーションが求められる

　介護の現場において、今後私たちに求められるコミュニケーションは、単に指示や情報を一方的に伝える「指示伝達型」のコミュニケーションではなく、**要介護者と介護者が双方向に情報や感情などをやりとりする「情報共有型」のコミュニケーション**であるといえます。

　では、ここで「指示伝達型」のコミュニケーションと「情報共有型」のコミュニケーションの違いを会話例で見てみましょう。

訪問介護における「散歩の同行」の会話例

1．指示伝達型のコミュニケーション

介護者　　「Aさん、散歩に行きましょうか？」
要介護者「行きたくないんです」
介護者　　「散歩や運動をして身体を動かさないとだめですよ。お医者さんからも、身体を動かすように言われているでしょう？」
要介護者「でも、なんとなく行きたくないっていうか……」
介護者　　「いつも、そんなことばかり言って行かないんだから。今日は行きますよ」
要介護者「でも……」
介護者　　「大丈夫ですから、一緒に行きましょうね」
要介護者「はい……」

2．情報共有型のコミュニケーション

介護者　　「Aさん、散歩に行きましょうか？」
要介護者「今日は行きたくないんです」
介護者　　「どこか具合が悪いんですか？」
要介護者「なんとなく気が乗らないのよね」
介護者　　「私にはAさんが、散歩に行くことを避けているように見えるんですけど、運動することが嫌なのですか？」
要介護者「嫌じゃないわ、運動することは好きですし。でも……」
介護者　　「何か他に心配事があるんですか？」
要介護者「……。実は、このごろトイレが近くなってしまって。この前外出したときに間に合わなかったのよ。それ以来心配になっちゃって」
介護者　　「それが心配だったのですね。それなら散歩の時間を短くしたり、トイレのあるところを散歩のコースに組み入れたり、工夫をしてみましょうか？」
要介護者「そうね、それなら少し安心だわ」

会話例で分かるとおり「指示伝達型のコミュニケーション」を続けていけば、要介護者は介護者からの指示を待ち続け、受身的な関係を介護者との間につくり上げ、自分から積極的にかかわろうとしなくなる傾向が見られます。
　一方、「情報共有型のコミュニケーション」を行うことにより、要介護者と介護者はお互いを尊重し、信頼することにより、対等の関係を維持することが期待できます。

対等な立場でかかわることが必要

　本来、介護者と要介護者は対等の立場にあり、どちらが上でどちらが下ということはありません。しかし、介護を提供する者と受ける者という関係は、知らず知らずのうちに依存関係や上下の立場をつくりやすいため注意が必要となります。
　また、要介護者の中には喪失感を感じている人が多く、このような人は自分の人生に対し受身的であり、消極的です。これらの人の自尊心や意欲を高めるには、お互いに情報や感情を共有化し、同じ立場でかかわり合う情報共有型コミュニケーションをとることが効果的です。
　情報共有型コミュニケーションを行うためには、次章で述べるさまざまなスキルを利用することが役に立ちます。しかし、スキルだけに頼ったコミュニケーションは必ず失敗します。コミュニケーションの目的を意識し、要介護者との信頼関係を高め、要介護者が安心して生活できる環境をつくることができるように意識してください。

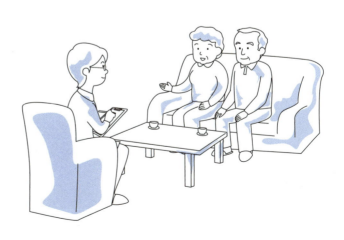

第3章

コミュニケーションスキル

1. コミュニケーションスキルの学び方
2. 相手の気持ちに寄り添う（共感的理解）
3. 非言語的メッセージを効果的に利用する
4. 相手を観察する
5. 相手の話を聴く
6. 相手に伝える
7. ラポール（信頼関係）を構築する
8. 注目を与える
9. 相手に関心を持って接する
10. 適切な距離、位置
11. コミュニケーション能力を自己評価する
12. ティーチングとコーチング
13. 意見の違いを認める

実践　チャレンジ・トレーニング

1. 共感のワーク
2. 基本的態度を身につけるためのワーク
3. 相手の話を聴くためのワーク
4. ラポールのワーク
5. 注目のワーク
6. 相手に関心を持つためのワーク

■コラム：「訊く」「聞く」「聴く」の違い

この章でお伝えすること

テーマ① コミュニケーションはスキルも大事だが、心構えも大切

「コミュニケーションスキルを身に付けることが大切ですよね」

「スキルやテクニックを身に付けさえすれば、相手との信頼関係を構築できるわけではありません。相手の気持ちに寄り添い、感情を共有する『共感的理解』が大切になります」

テーマ② 態度もコミュニケーションのうち

「しぐさや、態度も重要になってきますか？」

「非言語的メッセージを活用し、落ち着いた態度、姿勢、表情、目線などにも配慮しましょう。また、観察力を高め、要介護者の変化を見抜く力を持ちたいものです」

テーマ③ 適切な「聴く」「話す」方法とは

「聴き方、話し方の技術を知りたいのですが？」

「さまざまなスキルがあり、この章で詳しく紹介しています。相手の性格や時・場合に応じた方法で、コミュニケーションをとってください。信頼関係を結ぶための『ミラーリング』などのスキルも効果的です」

テーマ④ 自分のコミュニケーション能力を振り返る

「自分のコミュニケーションの課題がよく分からないのですが？」

「介護現場での自分のコミュニケーションを振り返ってみましょう。自己評価方法もあります。よく把握した上で、自分の課題に合ったコミュニケーション法を身に付けていくことが大事です」

1. コミュニケーションスキルの学び方

目的を意識して、スキルを繰り返し習得

マインドが伴ったスキルの習得を！

　コミュニケーションを効果的に行うためには、いくつか注意しなくてはならないことがあります。スキルの習得は、スポーツと一緒で何度も何度も繰り返し体験することが、上達の近道です。しかし、もっと**大切なことは、コミュニケーションの目的を常に意識し、心を込めてコミュニケーションをとることを忘れないようにすること**です。マインドのないスキルのみの対応では、本当の信頼関係を構築することは難しくなります。信頼の得られないコミュニケーションは効果的なコミュニケーションとはいえません。要介護者とのコミュニケーションにおいては、その目的を強く意識し、介護者の意欲を引き出すことができるようにかかわってください。

　本章では、いくつかのコミュニケーションスキルについて解説します。さらに、習得のためのワーク（トレーニング）をこの章の最後に載せています。

振り返ろう、あなたのコミュニケーション

　実際の介護現場でのコミュニケーションを振り返ることはとても大事なことです。会話のすべてを記録することはできませんが、自分がどのような言葉掛けをしたか、相手に対しどのような態度をとっていたかを記録し、振り返ることは自分のコミュニケーション能力を向上させるためにはとても有効です。また、可能であれば実際の場面を誰かに観察してもらい、その人の意見を聴くことも良いでしょう。

　初めからすべてのスキルを一度に習得しようとせず、自分の今のコミュニケーションスタイルに取り入れやすいものから、数を絞って練習する方が効率的に習得できます。中には受け入れにくいものもあるかもしれませんが、自分のコミュニケーション能力が向上することにより、受け入れやすくなることもありますので、そのときは無理をせず、時間を置いた後でもう一度練習してみてください。

2. 相手の気持ちに寄り添う（共感的理解）

介護者に求められるのは、第一に心構え

共感は人に本能的に備わったもの

　要介護者とのコミュニケーションを学ぶ上で最も基礎となる心構えが、共感的理解です。この思いがなければ、どのようなスキルを用いても効果的なコミュニケーションをとることは不可能です。

共感とは、相手の気持ちに寄り添い、相手の喜怒哀楽の感情を共有することです。共感は人間に本能的に備わっているもので、この能力により互いの信頼関係が高められ、仲間意識が芽生えることになります。

　共感の持つもう一つの効果は「快」の感情を増幅し、「不快」の感情を減少させる効果です。フリードリヒ・フォン・シラー（ドイツの詩人　1759－1805）は、「友情は喜びを2倍にし、悲しみを半分にする」と共感することの重要性を説いています。

　介護の現場において、要介護者が何らかの不安や苦しみの感情を訴えることは少なくありません。そのようなとき、その苦しみに共感し、分かち合うことで要介護者の苦しさをいくらかでも減らすことができます。つまり要介護者とのコミュニケーションにおいて共感的理解が必要な理由は、共感的理解が相互理解、相互信頼をつくりあげる前提であるということと、共感により要介護者の苦悩や苦痛が軽減され、要介護者の支えになることができるからです。

非言語的メッセージへの感受力が必要

　要介護者は必ずしも苦しみを言語的メッセージとして伝えるばかりではなく、表情や態度など非言語的メッセージを用いて伝えることがあります。特に言語障害を有する場合や認知症や精神疾患を有し、言語化することが困難な要介護者は非言語的メッセージで伝えることになります。このため介護者は、要介護者の発する言語的・非言語的メッセージをよく観察し、感じ取る力が必要となります。

　共感とは相手の感情や考えをただ感じ取ることだけではありません。大事なことは、相手の**その思いをしっかり受け取ったというメッセージ**を相手に伝え、お互いにその感情を分かち合うことです。そのため、共感するためには、相手の話を聴き、そして相手に率直に伝えることが必要となります。

　共感するということは、相手の意見に無条件に賛同することでもありません。相手がそのように感じたということを受け入れるということです。「私はその意見には賛同はできません。しかし、あなたがそのように感じたことは尊重し、受け入れます」という姿勢です。

肯定的な聴き方、受け止め方が重要

　そのためには私たちは相手の話を肯定的に受け止めなくてはいけません。否定的に聴いていたら共感どころか、反発し、時に口論になり対決することになるかもしれません。私たちも日常の会話で議論が白熱し、言い争いになってしまうことはありませんか？　お互い同じ趣旨のことを話していたはずなのに、言い方の違い、視点の違いからお互いのあら探しを始め、いつの間にか口論し、相手を言い負かすことが話し合いの目的にすり替わっているということはありませんか？

　否定的な聴き方は口論を招きます。そして勝負の世界に引きずりこまれ、降りるに降りられなくなってしまう場合もあります。そうなってしまうと、議論に勝った人も、負けた人も決して後味は良くありません。ひどいときにはもうその人とは話をすることすら避けてしま

表1　共感の伝え方

1. 相手から伝わる感情を相手に伝える。
    例）つらそうですね、悲しそうですね。
2. 相手の体験を認め、その感情を理解する。
    例）それは誰だって困りますね。
3. 相手の支えになろうとする思いを伝える。
    例）私ができることは何でもします。
4. 協力して対応しようと伝える。
    例）一緒に協力してやっていきましょう。
5. 相手の対応を尊重していることを伝える。
    例）こんな状況でよくやっていますね。

い、共感するどころの話ではなくなります。話し合いがいつの間にか議論に変わり、勝負になっていることに気がついたら、早めに勝負から降りてしまうことです。話し合いは勝ち負けではありません。どっちが勝っても後味が悪いのなら、さっさと勝負を降りて、仕切り直しをした方がはるかに大人の対応といえます。
（P49にトレーニング法を紹介しています）

3. 非言語的メッセージを効果的に利用する
コミュニケーションの基本的態度

注意ポイントをしっかりと把握

　表情や動作、服装は非言語的メッセージであり、これらの非言語的メッセージはコミュニケーションの成否に大きく作用します。コミュニケーションをとる際に注意しなくてはならない、いくつかのポイントを示します。

①落ち着いた態度で接する
　介護の現場においては、身体介助や生活援助など必要とされる業務は数多くあります。業務は決められた時間内で終えなくてはならないため、介護者は時間に追われるような切迫感を感じることが少なくありません。
　業務に追われ、あわただしく動き回っていると、周囲の人は声を掛けにくくなり、話したいことがあっても我慢してしまうか、他の人を探し始めます。業務に一生懸命になるあまり、周りに注意が向かないままでいると、結果として、周囲から孤立してしまうことがあるため、注意が必要です。このような状況を避けるためには、常に精神的余裕を持ち、落ち着きのある態度を心掛けることが必要です。
　また、落ち着きのない状態でコミュニケーションをとろうとすると、私たちは対応を急ぐあまり、コミュニケーションそのものを簡略化しようとしてしまいます。そのため無意識のうちに口調が速くなり、会話のテンポも速くなってしまいます。このような対応をされると、

要介護者はせかされた印象を持ちやすく、伝えたいことを十分に伝えきれず、また十分に話を聴いてもらえたという感覚を持てないまま、途中で話を終えてしまうことになりかねません。介護者が、このような態度を常にとっていると、知らず知らずのうちに要介護者と距離が生じ、信頼感を得ることが難しくなります。

　落ち着いた態度は、周囲の人に安心感や信頼感を与え、相談しやすい雰囲気をつくりだします。たとえ急いでいるときであっても、堂々とした余裕のある態度で接することが必要です。忙しくゆっくり話を聴くことができないときでも、まずはいったん手を止め、向かい合い、今は無理なことを伝え、後で時間を取ってゆっくりと話を聴く約束をしてください。あわてた対応では、相手に満足感を与えることはできません。

②自分の姿勢に意識を向ける

　マクギンリー（アメリカの心理学者）らは、コミュニケーションにおける態度を観察し、「オープンポジション」と「クローズポジション」とに分類しました。

　オープンポジション（開かれた態度）とは、相手を受け入れる態度とされ、話し手に聴いてもらっていると感じさせることができる姿勢とされています。オープンポジションは正面を向いて両足をやや開き、背筋を伸ばした姿勢で手のひらを相手に見せるような態度です。

オープンポジション

　一方、クローズポジションは相手を拒絶する態度といわれ、腕を組む、足を組む、横を向く、半身に構えるなどの姿勢とされています。また椅子に腰掛けたとき、背もたれに寄り掛かる姿勢もクローズポジションであるといわれています。

クローズポジション

　自分がどのような姿勢で相手の話を聴いているかを意識し、オープンポジションで要介護者に向かい合うことは、コミュニケーションの基本となります。

③自分の表情に注意を払う

　表情は言葉の発するメッセージを強めることも、逆の意味を与えることもあります。同意の言葉を発しても、拒否の表情を浮かべていれば、聴き手は同意ではなく、拒否と受け取るということは、前章で述べたとおりです。

　笑顔は相手に安心感と信頼感を与えますし、むっとした表情や怒った表情は相手に緊張と攻撃を感じさせます。表情一つで相手の印象は大きく変わるため、コミュニケーションにおいては自分の表情に注意を払わなくてはなりません。

　コミュニケーションにおいては自然な笑顔が基本となります。怒った顔や、むっとした顔はあまりお勧めでできません。しかし、いつでも笑顔で対応することが望ましいということでもありませ

ん。例えば深刻な相談をしているときに、相手がニコニコの笑顔で聴いていたら、なんとなく話したくなってしまいます。これは相手の態度や感情とミスマッチが生じているためです。悲しい表情には悲し気な表情で、笑顔には笑顔で聴くということが大事なことなのです。自然な笑顔はあくまでも基本ですが、重要なことは相手の感情に合わせた表情を心掛けることです。

④アイコンタクト、目線の位置

　話し手と聴き手が目と目を合わせて、コミュニケーションをとることをアイコンタクトと言います。私たちは目線を合わせながら話を聴いてもらえると、「聴いてもらっている」「大事にされている」という感情を持ちやすく、話し手に対する信頼感が高まります。一方、目線を一切合わせずに話を聴かれ続けると、「私の話はきちんと聴いてもらえない」という感情を持ちやすく、相手に対する信頼は低くなります。このようにアイコンタクトは相手の信頼を得るために重要な働きをするのです。

　しかし、話をしている間じっと相手の目を見つめ続ければどうなるでしょうか？　おそらく、見つめ続けられた人は落ち着きがなくなり、視線をはずそうとすると思います。適度に視線を交わすことは安心感を与えるのですが、それも過剰になると、相手は自分の心の奥底まで見つめられているような感じがして不安になるため、視線を遮断して、自分を守ろうとします。つまり視線を合わせ続けることは、相手の防衛反応を引き出すことになるのです。

　日本人は欧米人と比較して、視線を合わせ続けることを苦手としている人が多いといわれます。そのため、視線を合わせる時間がどの程度が適当なのかは個人差が大きくて、一律に決めることはできません。

　実際の介護の場面でも、その人に合わせて対応することが重要ですが、比較的防衛反応を引き出しにくい方法として、話し始めと、重要なポイントではしっかりと視線を合わせ、それ以外のときには鼻から口元を見ながら話をするというようなことが考えられます。

　視線にかかわることで、もう一つ大事なことは目線の高さです。昔から人間関係を表す言葉として、「目上の者」「目下の者」という言葉があるくらい私たちは目線で相手との上下関係を意識してきました。

　顔をまっすぐ相手に向け、目線を合わせて会話をすることがコミュニケーションの基本となります。また、相手に顎を突き出すようにして見下ろされるように話をされると、聴き手は話し手に対し威圧感を感じます。そのようなコミュニケーションを繰り返し続けることで、本来同等であるはずの関係が変化していくことがありますし、また周囲から適切な関係がつくれていないと指摘される危険性もあります。

⑤自分から進んで声を掛ける

　挨拶や声掛けは人間関係をつくる第一歩です。「おはよう」「こんにちは」「ありがとう」「ご苦労さま」など日々の生活で挨拶や声掛けは無数にあります。挨拶や声掛けは人間関係が円滑になる潤滑剤の役目をし、人間関係を良好にする一方で、これらが少ないと対人関係が悪くなる可能性がありますし、挨拶や声掛けが素っ気ない人は無愛想と呼ばれることもあります。

挨拶や声掛けは相手が気づいていてもいなくても、自分が気づいたら、すぐに自分から行うのが第1のポイントです。相手が気づくのを待ってからなどと考えているうちに、タイミングを見失い、結局できないまま終わってしまうことだけは避けなくてはなりません。見掛けたら自分からすぐに行うということを強く意識してください。

第2のポイントは、「簡潔に、はっきりと」です。1回に長く話すよりも、短くても分かりやすいメッセージを、1日に何度も交わした方が、要介護者はよく話をしたと感じます。特に要介護者と視線が合ったときは、一言でもよいから、何か言葉を掛けることが大事です。その一言があるかないかで、あなたへの評価が大きく変わります。

声掛けの内容は、相手を否定したり、憂うつな気分にさせない内容であれば何でも構いません。理想を言えば、要介護者が頑張ったところや、良くなったところなどを指摘したいものですが、先ほども述べたように、あれこれ考えている間に声掛けのタイミングを失ってしまっては元も子もありませんので、とにかく気がついたことを積極的に伝えてください。

⑥言葉遣いに気をつける

介護の現場における敬語等の言葉遣いについてはさまざまな意見があり、こうであるべきという結論はまだ出てはいません。実際に介護者から敬語で話し掛けられ、心地よく感じる人もいますし、逆に介護者との距離感を感じて嫌がる人もいます。

言葉遣いに気を遣う理由は、相手に不快な思いをさせないためであって、それができるのであれば、敬語を用いようが、用いまいがどちらでも構わないと思います。適切な会話であったかどうかは、2人の関係により判断されます。例えば、ある要介護者にAさんという介護従事者が友だち言葉で話し掛けても、2人の信頼関係が成立していたとします。しかし、Bさんという別の介護従事者が友だち言葉で話し掛けると気分を害するということもありうるのです。2人の関係により、どの言葉遣いが適当か決まってくるのです。

表2　言葉遣いのポイント

1．聴き手が聴き取りやすいように、ゆっくりと明瞭に伝える。
2．分かりやすく簡潔に、理解できているかを確認しながら伝える。
3．語尾に注意する。省略したり、語尾を上げたり伸ばしたりしない。
4．なれなれし過ぎたり、逆に丁寧過ぎたりしない。
5．専門用語は極力使用しない。

⑦身だしなみに気をつける

人間を見た目で判断してはならないともいわれますが、実際のコミュニケーションにおいて身だしなみは、その人の第一印象を大きく左右するため、身だしなみに気をつけることは、とても重要です。身だしなみは非言語的メッセージの一つです。身だしなみだけでその人のすべてを理解することはできませんが、その人がどのような人なのかを判断する材料となります。私たちは相手の身なりを見て、その人がどのような人なのかを想像するのです。

マニキュアや化粧、アクセサリー一つ取ってみてもそれを不快に思うか、好意的に受け取るかは相手次第となります。一般に介護の現場では清潔な身だしなみを心掛け、華美な印象を与えるアクセサリー類は控えることが望ましいとされます。ただし、相手に不快感を与えない程度の身だしなみは必要です。

男性であれば無精ひげではないか、シャツの襟首や袖口は汚れていないか、女性であればマニキュアやにおいの強い香水は使用していないかなど、注意点はいくつか挙げられます。

⑧約束を守る

約束した時間どおりに介護が始まらない、約束したはずの物をいつまでも持ってこないというのは、その人に対する信頼感を著しく低下させます。介護者がこのような態度をとっていると、「信頼できない人」という印象を与え、評価を下げることになります。信頼は日々の積み重ねです。築き上げるのは時間が掛かりますが、壊れるときは一瞬です。日々の何気ない約束であっても、しっかりと守ることが信頼関係の基礎となります。

表3　コミュニケーションの基本的態度

1. 落ち着いた態度で接する。
2. 自分の姿勢に注意を向ける。
3. 自分の表情に注意を向ける。
4. 自分の目線に注意を向ける。
5. 自ら進んで声を掛ける。
6. 言葉遣いに気をつける。
7. 身だしなみに気をつける。
8. 約束を守る。

（P49にトレーニング法を紹介しています）

4. 相手を観察する

「コミュニケーションしにくい人」と思われないように

感情の変化を読み取れないと相手との距離が埋まらない

コミュニケーションが上手な人の対応を観察すると、相手をしっかりと観察し、わずかな変化を見逃さず、伝え方や言葉遣い、態度などを柔軟に変化させていることが分かります。例えば同じ内容をAさんとBさんに伝えるにしても、相手に合わせて言葉遣いを変えたり、態度を変えるものです。また、同じAさんに対しても、そのときの状態を見て、伝え方を変えています。コミュニケーションはキャッチボールと同じですから、投げるだけでなく、相手を観察し、相手の受け取りやすいところへ、受け取りやすいボールを投げることが必要となるのです。自分が投げたボールで相手が喜んでいるのか、困惑しているのか、怒りを感じているのか、それらの心理的な変化をしっかりと相手を観察し、感じ取る力が必要となります。相手の感情の変化を読み取れない人は、いくら正しいことを伝えていても、知らず知ら

表4　相手のどこを観察するか

・姿勢やしぐさの変化
・表情の変化
・口調の変化
・呼吸の変化
・目線の動き

ずのうちに相手との距離が開き、コミュニケーションしにくい人と受け取られることが多くなります。

　私たちは普段から何気なく、相手の表情や態度から相手の心理状態を読み取っています。しかし、要介護者とのコミュニケーションではその観察力をもっと高め、相手の心理状態や変化に敏感にならなくてはなりません。特に認知症や失語症の要介護者のように、自分の気持ちを言葉でうまく伝えられない人に対しては、非言語的メッセージを観察し、その人がどのような心理状態にあるかを読み解く必要があります。そしてその人の心理状態に合わせたかかわり方が必要となるのです。

5. 相手の話を聴く

良好なコミュニケーションのための聴き方とは

満足感・安心感のある聴き方を！

　要介護者とのコミュニケーションにおいて意識しなくてはならないことは、まず相手の話をしっかりと聴くということです。要介護者が欲しているのは家事や介護をしてもらうことだけではありません。それ以上に、「私のことを理解してほしい、受け入れてほしい」という気持ちが強いのです。

　人は人とのかかわりにおいて、「受容」「承認」「重視」の欲求があると説明しました。相手に自分の話をしっかりと聴いてもらえたとき、人は「受容」「承認」「重視」の欲求が満たされ、満足感や安心感を抱きやすくなります。

　要介護者は喪失感や不安な感情を抱き、毎日を過ごしています。自分自身の存在価値すら疑いたくなるときもあるかもしれません。そんなときに自分の話をしっかり聴いてくれる人がいることが、どれだけ要介護者を支えることになるか想像に難くありません。

　疾患や障害によりコミュニケーションに支障を来している要介護者の場合、自分の意図がなかなか相手に伝えられず、もどかしい思いをしていることがあります。その場合、要介護者は介護者に遠慮してコミュニケーションを控えることもあります。そんなときにこそ時間を取り、しっかりと相手の話を聴くことが介護の現場では必要です。

傾聴は相手の立場に立って

　傾聴とは、相手の考えや気持ちを相手の立場に立って理解しようと努力する聴き方です。要介護者とのコミュニケーションにおいてぜひとも身につけたいスキルの一つで、ただ単に相手の話を理解することに役立つだけでなく、聴くという行為を通じて相手が自分自身を理解し、自信ある行動がとれるよう助力することを可能とします。また、傾聴は単なるテクニックではなく、相手の話をきちんと最後まで聴くという心構えの問題でもあります。傾聴は決して受動的なものではなく、聴く者が能動的かつ積極的に行うものです。

　話を聴くときは、前述した基本的態度に注意してください。クローズポジションで険しい顔をした人に話を聴いてほしいとは誰も思いませんから。

①4つ話を聴いたら、1つ話すつもりで

　相手を理解するためには、相手の話をよく聴くことが必要です。しかし、私たちは、聴くことよりも話すことに重点を置いてコミュニケーションをとっています。しかも、相手の話を聴いているときでさえ、100％集中して聴いているのではなく、頭の中では次に何を話そうか考えながら聴いていることが多く見られます。これでは相手の話をしっかりと聴くことは難しくなります。これを防ぐためには話す量を意識的に減らすことが有効です。このことにより、相手の話に集中することができます。よく、耳は2つで口は1つだから、相手の話を2つ聴いたら、自分が1つ話をするくらいがちょうど良いといわれます。このことを意識して、まずは相手の話をしっかりと集中して聴くことが大事です。特に不安を強く感じている要介護者とのコミュニケーションではさらに話を聴くことに重点を置いて、4つ話を聴いたら1つ話すくらいを意識し、相手に十分に話をしてもらうことが必要となります。それくらい相手の話を聴くと、相手も自分の話を聴いてもらえたと感じます。

　実際の介護の場面では、ゆっくりと相手の話を聴く時間が取れないと言われそうですが、相手と信頼関係を築き上げるためには、まずは相手の話をしっかりと聴くことがスタートとなります。

②自分が話したい欲求に打ち勝つ

　相手の話をしっかり聴くためには、自分が話したいという欲求に負けないことが必要となります。人は基本として自分の話を聴いてもらいたいという欲求がありますが、これは介護者でも同じことです。介護者も相手に自分の話を聴いてもらいたいのです。このことを意識しないでいると、いつの間にか相手の話を奪い取ってしまい、自分の方がたくさん話しているという事態を招きます。

　相手に話を聴いてもらいたいという気持ちは基本的に誰しもが持っているため、私たちは無意識にいろいろな方法で相手の話を奪い取ろうとします。代表的なものは次の4点です。

❶相手の話の要点をまとめたくなる。
❷相手に自分の意見を伝えたくなる。
❸相手の話の矛盾点などを指摘したくなる。
❹自分とは異なる考え方を否定したくなる。

会議などの場では、問題を整理したり、解決に向けてそれぞれが意見を述べ合うことは必要です。しかし、介護の現場において相手の話を傾聴する目的は、物事の道理を明らかにしたり、矛盾点を指摘したり、相手の考え方を修正することではありません。要介護者の内面を理解し、受け入れることが目的なのです。矛盾点や間違いがあれば、そのこと自体が相手を理解するための重要な手掛かりとなります。

③相手の話を即座に否定しない

　話をしていると明らかな勘違いや思い違い、自分勝手な考え方など、受け入れることができないことがあるかもしれません。また、それを受け入れると本人や周囲の者に大きな迷惑が掛かることなどもあるでしょう。その場合は、「その要求に応えることができない」ことをきちんと伝えることが必要です。

　ただ、伝え方には注意しましょう。話した瞬間に即座に否定すると、相手は拒絶されたという行為だけが強く伝わってしまいます。そうなると話の内容ではなく、自分自身が否定されたと感じるため、相手の防衛反応を強く引き出してしまいます。これでは正常な会話の継続は困難となり、会話が終了してしまうことが少なくありません。

　自分勝手な意見で、とても受け入れることができない内容であっても、即座に否定することは避けるべきです。そして話している人の気持ちと訴えの内容をきちんと分けて、「あなたがそのような気持ちを持つことは理解できる」と、そのような考え方をした要介護者自身は受け入れ、「しかし、その内容自体は受け入れることができない」と訴えの内容だけを否定するような伝え方をすることが必要です。

④議論しない

　よほど精神的に成熟した人でもない限り自分の意見を否定されたり、非難されると、反射的に反論してしまいます。すでに説明したように、否定や非難をされると、話の内容ではなく自分が否定されていると感じやすく、自分を守るための反応をしてしまいやすいのです。こうなるとお互いに相手の話を聴くどころではなくなり、自分の正しさを相手にどう伝えるか、相手をどのように言い負かすかが会話の目的になってしまいます。ここで忘れてはならないのは、私たちは議論をしたいのではなく、コミュニケーションをしたいということです。コミュニケーションの目的は、相手に打ち勝つことでもなければ、自分の正しさを証明することでもありません。違った意見なら、それをお互いの違いとして認め、その上でお互いに何ができるのかを話し合うことが大事です。お互いの違いを認め合うことが、相互理解の第一歩であり、相手に勝つことは必要ありません。そのことを意識していれば、わざわざ勝負に持ち込み、どちらが勝った、負けたと騒ぐこともありません。会話が議論にすり替わっていると感じたら、その勝負からさっさと降りてしまうことが賢明です。

　しつこいくらい繰り返しますが、要介護者とのコミュニケーションの目的は相手を理解し、信頼関係をつくりあげることです。議論が目的でも、まして相手を論破することが目的でもありません。議論になりかけていると感じたら、コミュニケーションの目的を改めて思い返し、議論の場から離れるようにしてください。

⑤背後にある感情や目的に気づく

　相手の話を聴くときは、相手の言葉（言語的メッセージ）だけに注目するのではなく、言葉以外の表現（非言語的メッセージ）を十分に観察し、相手の言葉の奥に潜む感情をよく理解することが重要です。

　すべての行動の背後には隠された目的があるといわれます。その目的をかなえるために人は行動するのです。つまり、相手の行動すべてがメッセージです。「なぜ私に話し掛けてきたのか」「なぜこの時間に話し掛けてきたのか」「このようなことを訴えてきたのは何が目的なのか」等々、訴えている言葉だけでなく、全身を使い、実に多彩に豊かに要介護者は介護者にメッセージを送っています。そのメッセージを敏感に感じ取り、背後にある隠されたメッセージを受け取ることができるように、介護者も全身で相手の話を聴くことが必要です。

⑥共感的理解

　すでに説明したように、共感とは相手の気持ちに寄り添い、相手の喜怒哀楽の感情を共有することです。相手が感じているとおりに感じ、相手が言ったとおりに受け止め、相手が理解してほしいとおりに理解しようとすることです。

　共感するためには自分の主観を介入させないように意識することが必要です。話を聴きながら「私はこう思う」という気持ちが入れば、それはもう共感ではありません。しかし、そうすると共感とは相手の訴えを無条件に受け入れることなのかと質問されるかもしれませんが、そうではありません。**相手の考えと自分の考えは違っていて当たり前**なのです。相手の考えをそのまま受け入れ、自分の考えを変えることは共感ではありません。共感とは相手の感情や気持ちを無条件で認めることであって、自分のものとして受け入れるということではありません。

　相手の話を聴くときは自分の考えや感情はいったん脇に置いて、共感的理解の意識を持ち、相手の立場に立つことが必要です。そうすることにより、話し手はきちんと自分の意見を受け入れてもらえたと実感しやすくなります。

⑦質問やフィードバックをして理解を深める

　一言も口を挟まずに自由に話を続けることよりも、適宜質問やフィードバックをすることにより、会話にテンポが生まれ、また内容も広がっていくことが期待できます。また、話に詰まったり、なかなか言葉が出てこない人に対し、答えやすい質問をすることで、相手は話し始めることがあります。質問は会話を促進したり、内容を深めたり、新たな話題を提供することに役立ちます。

　話を聴いていて感じたことを相手に伝えることも、時には必要です。しかし、相手に伝えるときは、相手の防衛反応を引き出さないように言葉に注意して伝えることが必要です。また、感じたことを話してよいかどうかを、相手に確認する必要があります。もし相手が意見を聴きたくないと言えば伝えることは避けるべきです。

　相手の話を正しく理解しているかどうかは、自分だけでは判断できません。理解しているつもりになっているだけかもしれませんので、正しく理解できているかどうか、会話の途中で相手に確認することが大切です。

⑧うなずきと相づち、繰り返し

　相手が無反応で話を聴き続けていると、聴いているのか聴いていないのか判断がつかず、話し続けることが苦痛になります。一方で自分の話にうなずきや相づちを打ちながら聴かれると、きちんと聴いてもらえているという感覚を持ちます。さらに有効なのが繰り返しです。繰り返しとは、相手が話したことをそのまま繰り返して相手に伝えることです。「昨日子どもの運動会があって疲れてしまったよ」と話したときに、相手が「疲れたんですね」と繰り返すことで、やはり自分の伝えたことがきちんと受け止められていると感じます。繰り返しには事実を返す方法と、そのときの感情を返す方法があります。事実よりも感情を返すやり方の方が、話し手はよく理解してくれたという感情を抱きやすいといわれます。

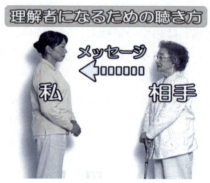

①相手は自分の伝えたいことをメッセージにして伝えます。

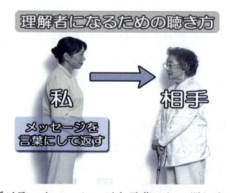

②聴き手である"私"は、受け取ったメッセージを言葉にして返します。
　すると相手は、「理解してくれた」と思い、気持ちが穏やかになり、聴き手である私に信頼を寄せることになります。

③相手のメッセージを言葉にして返す。

　それはつまり、相手の言葉を「反復」して返すということです。

　相手の伝えたいことに対して「私はあなたの言いたいことがわかりました」という大切な応答なのです。これは、相手が「理解してくれた」と感じるための重要な技術なのです。

（財）介護労働安定センター企画・監修・販売
「終末期のケア」～いのちを支える援助的コミュニケーション～DVDより

表5　相手の話を聴くときのポイント

---
1. 相手の話は最後までよく聴き、話の全体を把握する。
2. 話したい誘惑に打ち勝ち、話を4つ聴いたら1つ話す。
3. 相手の話を奪い取らない。
4. 相手に対し批判的、忠告的、説教的態度は避け、相手の心の扉が閉まるような話し方はしない。
5. 相手と議論しない。
6. 言葉だけでなく、言葉以外の表現を観察し、言葉の背後にある感情や目的、本当に伝えたいことを察知する。
7. 相手の立場に立ち、自分の意見を入れずに聴く（共感的理解）。
8. 自分の態度にも注意を向け、うなずきや相づち、繰り返しを行い、全身で相手の話を聴く。
9. 自分の言葉にも注意を払う。

（P50にトレーニング法を紹介しています）

6. 相手に伝える

伝え方次第で、大きな差がつく

「率直な自己主張」で意見を伝えよう

　コミュニケーションではお互いに考えや感情、意見を伝え合いますが、伝えたい内容は必ずしも、相手にとって好ましい内容ばかりではありません。時には伝えにくい事柄についても話をしなくてはなりません。

　自分の意見を伝える方法にはいくつかのタイプがありますが、ここでは3つのタイプに分けました。

「攻撃的な自己主張」タイプ
　相手の意見を受け入れることはせずに、自分の意見ばかりを強く主張して、無理やり押し通そうとする態度です。これを続けていると人間関係は破綻しますので、「破壊的な自己主張」タイプともいえます。

「非主張的な自己主張」タイプ
　このタイプの人は、自分の意見を伝えず我慢して、相手の意見を受け入れることでその場をしのごうとします。我慢して対応できるうちは、何とかなりますが、我慢の限界を超えると、やはりコミュニケーションは破綻します。「服従型の自己主張」タイプともいえるでしょう。

「率直な自己主張」タイプ
　このタイプの人は、相手への気配りをして、素直な対応をしながら、自分の言いたいことをはっきりと伝えることができます。

　この中で人間関係を損なわず、自分の主張を受け入れてもらえる可能性が高いのは、「率直な自己主張」タイプです。
　率直な態度とは、自分も相手も尊重する態度のことです。ですから相手の意見だけを尊重し、自分の意見を伝えることを我慢したり、またその逆で自分の意見だけを尊重し、相手の意見を軽視するということはしません。

①率直な自己主張の方法
　❶状況を客観的にとらえる
　　今起こっていることと自分の感情を分けて、自分の感情を交えずに、客観的な事実（状況や相手の行動など）について述べ、今起こっている問題を明らかにして、それらの事実をお互いに共有することが最初のステップとなります。この時点で感情が介入してしまうと冷静に、率直に対応することは難しくなりますので、ここでは事実以外のものは取り上げない方が無難です。

　❷自分の感情を伝える
　　相手と問題が共有できれば、その後で自分の感情や考えを伝えることができます。そのことで感じた自分の感情を、相手が理解しやすい形に工夫して伝えることになります。このときはできるだけ感情的にならず、また相手について述べない（相手を責めたり、非難しない）ことがポイントです。責めたり、非難しているように受け取られると、相手の防衛反応を引き出しますので、率直な自己主張が難しくなります。相手の防衛反応を引き出しにくい伝え方として、後述する「Ｉ（アイ）メッセージ」というものがあります。

　❸相手に提案する
　　客観的事実を共有して、自分の感情も適切に相手に伝えた後、初めて自分が相手に求め

ていることを伝えます。ここではできるだけ具体的に、分かりやすい形で提案をすることと、自分の提案に関する相手の意見を十分に聴くことが大切です。ここはお互いに意見の交換を行う場です。相手は提案を受けることもできるし、拒否することもできるということを確認してください。

❹代替案を提案しながら話を続ける

自分が提案した要求を相手が受け入れる場合は、そこで対話は終了となりますが、もし自分の提案を相手が拒否した場合は、再度代替案を提案し、お互いが受け入れられる内容となるまで対話を継続することになります。

ここで大事なことは、相手の主張に容易に妥協して自分の意見を我慢すれば、「非主張的」な態度になりますし、かといって相手の妥協ばかりを求めれば、「攻撃的」な態度になるということです。

率直な態度をとるためには、相手の価値観や自分とは異なる判断に対し、それらを尊重し、共感しながら柔軟性を持って対応することと、現実の問題に対して、お互いが納得できる妥協案を、お互いに協力し見つけ出すことが大切です。

介護の現場では、介護者と要介護者の間に依存関係や、上下の関係が生じやすいため、攻撃的な自己主張を行う方が、目的を早く達成できる場合があります。しかし、抑圧された感情は、いつか臨界点を超えて爆発するか、または精神状態に悪影響を与え、抑うつの悪化や意欲低下、無力感、喪失感の強化につながり、要介護者の日常生活動作（ADL）を著しく低下させる可能性があることを忘れてはなりません。

率直な態度で接することで、要介護者は「大切にされている」「注目されている」という感情を抱き、自尊心を向上させることにつながります。

②相手が受け取りやすい伝え方をする

同じ内容を伝えても伝え方や話し方で、相手の受ける印象は大きく異なります。率直な自己主張をするときは、相手が受け取りやすい形で伝える工夫をすることが必要です。

❶命令口調とお願い口調

命令口調は「〜しなさい」「〜するな」という、非常に強力な伝え方です。内容が明確で、力強いメッセージを発するため、直ちに要求を伝えたいときには有効ですが、威圧的な印象を与え、時に相手の防衛や拒絶を誘発することがあるので、その使用には注意が必要です。

一方、お願い口調は疑問形や仮定形で伝えられることが多く、「〜してもらえますか？」「もし〜してもらえるとうれしいのですが」という伝え方です。

この伝え方だと、自分の要求はきちんと伝えているにしても、依頼の形なので、相手の防衛や拒絶の反応を引き出しにくく、受け取りやすい形の伝え方となります。

1）命令口調

Ⅰ	固い命令口調	～しなさい。～しろ。～やめなさい。～するな。
Ⅱ	やわらかい命令口調	～してください。～してちょうだい。 ～しないでください。
Ⅲ	皮肉っぽい口調	どうして～するの？　いつになったら～するの？

2）お願い口調

Ⅰ	疑問形のお願い口調	～してもらえる？　～してください？ ～してもらえない？
Ⅱ	仮定形のお願い口調	もし～してもらえると助かるんだけど。 ～してくれない？　そうしたら嬉しいです。

❷ Ⅰ（アイ）メッセージとYou（ユー）メッセージ

相手について話し始めると、相手は即座に緊張し、防衛的に話を聴いてしまいます。その状態になると、なかなかこちらの伝えたい意図どおりに受け止めてもらうことが困難となります。相手の防衛を引き出さず、話し手の意図を伝えたいのであれば、相手について述べるのではなく、私について述べることがポイントです。つまり、Youメッセージではなく、Ⅰメッセージで伝えるということです。

Ⅰメッセージは、「私は～と思います」「私は～と感じています」というように私自身に起きている出来事について述べる方法です。

一方、Youメッセージは、「なぜあなたは～しないのですか？」「あなたは～です」のように、相手について述べる方法です。

ⅠメッセージとYouメッセージの会話例

Youメッセージの例
- （あなたは）どうしてもっと食事を摂らないのですか？
- あなたは、以前より元気ややる気がなくなった。
- なぜ、あなたは、デイサービスに行かないのですか？
- あなたはまじめにリハビリをしていない。

Ⅰメッセージの例
- もっと食事をしないと、私は心配です。
- 私には、あなたが元気がないように見えます。
- 私は、あなたはデイサービスに通ったほうが良いと思います。
- 私には、あなたがリハビリに意欲を持っていないように感じます。

もちろん、上記の例のとおり、Ⅰメッセージで伝えても、聴いた相手は否定することもあり得ます。しかし、Ⅰメッセージで伝えると、Youメッセージで伝えるよりもソフトな印象を与えるため、相手は非難、否定されているという印象を持ちにくくなります。

また、Youメッセージで伝えると、そのことが正しいか、正しくないかの議論になって

しまうことがあります。例えば、介護者が「あなたはまじめにリハビリをしていない」と伝えたとき、要介護者は「いいえ、私はまじめにしています」と防衛を込めた返答をしてくることがあります。こうなるとどちらが正しいか、二者択一になってしまいます。すると、要介護者と介護者の間で、「まじめにしている」「していない」という口論に陥りやすくなりますので、どちらかが折れるまで口論が続くことになりかねません。

　一方、「私にはあなたがリハビリをまじめに取り組んでいないように感じます」と伝えた場合、要介護者は「いいえ、まじめにしています」と返答してきたとしても、介護者自身の感想について伝えているだけなので、お互いの主張を認め合うことはできます。その上で、それぞれの認識の違いについて話し合うことができます。

❸イエス・バット法で否定を伝える
　相手の要求を断らなければならないときに、否定だけを伝えてしまうと、相手に強い不満を与えてしまいます。そのようなとき、イエス・バット法やサンドイッチ法を用いると、相手の不満が幾分やわらぎます。

　イエス・バット法とは相手の要求をひとまず認めた（イエス）上で、その後、要求を断る方法です。例えば、歩行に問題のある要介護者から一人で外出したいと希望があった場合、「一人で外出したいという気持ちはよく分かります（イエス）。しかし（バット）、一人で外出されると危険ですので、今日のところは控えてもらえるとありがたいのですが」と要求を断ります。このときに注目するのは、相手の要求そのものを受け入れるのではなくて、相手がその要求した気持ちを受け入れるということです。気持ちが認められることで、要求が認められない不満を軽減することができます。

　サンドイッチ法はバットで終わらずに、もう一度イエスで終える方法です。上記の例では「一人で外出したいという気持ちはよく分かります。しかし、一人で外出されると危険ですので、今日のところは控えてもらえるとありがたいのですが。でも、外出したいという気持ちになるとは、お体の状態も良くなってきたのですね」と肯定的な言葉で会話を終えます。

③閉じた質問と開かれた質問
　質問には閉じた質問と開かれた質問があります。閉じた質問とは、イエスかノーで答えられる質問で、二者択一を迫る質問です。「あなたは夕飯を食べますか？」「もう寝ますか？」という具合です。一方、開かれた質問は「あなたは夕飯に何が食べたいですか？」「あなたは何時になったら眠りますか？」のように、単にイエスやノーでは答えられず、具体的な答えが必要な質問のことです。

　閉じた質問は情報収集に適しており、聴き手の知りたい情報を早く手に入れるためには有効です。しかし、長く続けていると尋問されているような雰囲気になり、会話が長く続きません。一方、開かれた質問は話し手の感情や状態を知ることに適しており、会話を広げていく作用があります。

　閉じた質問は会話の導入期や終了期、もっと深く情報がほしいとき、そして話の核心に近づいたときに行うと効果的です。開かれた質問は会話を展開するときや相手についての理解を広げたいとき、話に行き詰った状況を打開する際に効果的です。

7. ラポール（信頼関係）を構築する

情報交換以上のコミュニケーション

スキルだけでは信頼関係は結べない

　ラポールとはもともと心理学用語で、セラピストとクライアントが深い信頼で結ばれ、安心して振る舞うことができたり、自由に発言できる関係が構築された状態のことを表しています。

　ラポールがなくても、コミュニケーションをとることは可能ですが、表面的な交流となることが多く、単なる情報交換で終わってしまうことが少なくありません。真の意味でのコミュニケーションをとるためにはラポールの構築は絶対に必要です。特に介護の現場では、要介護者とラポールを構築することは、単に効果的にコミュニケーションをとるということだけでなく、介護の質そのものにも大きな影響を与えることになります。

　「相手が自分と似ている」とか、「相手に理解されている」という印象を感じているときに、ラポールが生じやすいといわれています。そのため、ラポールを意図的に構築し、深めたいときは、言語的、非意識的なレベルで相手に合わせていくことが役に立ちます。ラポールを築くために、後述する**ミラーリング、チューニング、マッチング**というスキルがあります。

　しかし、本当の信頼関係は、単なるスキルで構築されるものではないということも強く自覚していなくてはなりません。相手から信頼してもらうためには、まずこちらが先に相手を信頼することが必要となりますし、自分のことを理解してもらうための自己開示も必要です。相手を認め、信頼関係を構築したいという自らの強い気持ちがコミュニケーションの土台となります。スキルのみを意識した関係は必ず破綻することを心掛けてください。

①相手の態度と合わせる（ミラーリング）

　ミラーリングとは、コミュニケーションの最中に相手の姿勢やジェスチャー、呼吸、声の調子、話す速度、声の大きさなどを、さりげなく合わせることです。鏡に移ったように同じ動作をまねるところから、ミラーリングと名前がつきました。

　相手の態度をまねる際に、まねるのがあからさまになりすぎると、相手の感情を害することがあるため、気づかれないようにさりげなく行うことが必要です。また、まるっきり同じ動作ではなく、リズムを合わせるのがコツで、最終的にはボディ・ランゲージのみではなく、呼吸を合わせていくようにするとさらに効果的です。

②相手の感情やフィーリング、価値観や思考と合わせる（チューニング）

　チューニングとは、相手の感情の波やレベルに合わせた対応をすることです。悲しい話をしているときに、明るく対応したり、うれしい話をしているときに、元気なく聴いていると、相手は話の最中に違和感を持ちやすく、その状態に我慢できないときは話を中断することもあります。

　楽しい話は楽し気に聴き、悲しい話は悲し気に聴くというように、相手の感情に沿った対応をすることをチューニングといいます。

　価値観や思考を合わせるということは、相手の価値観や思考をそのまま100％受け入れるということではありません。自分の考えと違う意見であっても、初めから否定するのではなく、相手の言い分の一部でも一致できるところがないか探し、その部分を認め、同意するということです。相手の主張に全く同意できる部分がなかったとしても、相手がそのように感じたことについては受け入れるということです。

③相手の言葉や話し方と合わせる（マッチング）

　相手と同じような言葉を使用するなど、相手との共通点や類似点を増やしていく方法です。例えば「水をください」と言われたとき「お冷ですね」と答えるよりも、「水ですね」と答えるということです。

　相手の言ったことを、利用して返答するように工夫することが好ましく、そのときに、相手の話すスピードや声の大小、高低、口調、表現などと合わせていくとさらに効果的になります。

　（P51にトレーニング法を紹介しています）

8. 注目を与える

「あなたは私の大事な人です」とのメッセージを伝える

相手に関心を向け、自己肯定感の向上を目指す

　注目とは相手に関心を向けるということです。声を掛けたり、微笑んだりすることもあるでしょうし、にっこりと微笑むことも相手に注目を与えるということになります。一方、怒鳴ったり、相手をにらみつけることも注目を与えることになります。

　相手に注目を与えることは、「あなたは私の大事な人です」「私はあなたのことを気にしています」というメッセージを伝えることになります。注目を与えられた人は、「自分は認められた」「ここにいてもいいのだ」と安心や自己肯定感を感じるといわれます。

　要介護者はただでさえ自尊心が低下し、喪失感を強く感じています。そのような人に十分な量の注目を与えないと、ますます自分は必要とされていない、存在価値がないのだと、自己否定感を強化してしまいます。

注目には2種類ある

　注目には正の注目と負の注目があります。正の注目とは、与えられた人が気持ち良くなる注目です。例えば、リハビリを頑張って杖で外出できた人に、「本当によく頑張りましたね、私もうれしいです」と伝えたり、うれしそうな笑顔を与えたりすることです。

　一方、負の注目とは、与えられた人が嫌な気分になる注目です。例えば先ほどの例で、「あれだけやったのに、まだこれしか歩けないの」とか「まじめにリハビリしないから、これしか歩けないのよ」と言ったり、歩く様子をため息交じりで眺めているなどの注目の与え方です。

　正の注目をたくさん与えられると、与えられた人は自己肯定感を持つことができ、自分の課題に挑戦する意欲が生まれます。一方、負の注目を与えられ続けた人は、自己否定の感情を持ちやすく、何に対しても受動的になり、消極的になります。

　正の注目の与え方は、言語的メッセージの領域では、ほめたり、励ましたり、挨拶をしたりなどがあります。非言語的メッセージの領域では、相手の話にうなずく、微笑む、話をよく聴く、握手する、体にやさしく触れる、抱きしめる等があります。

　負の注目としては、言語的メッセージとしては、怒鳴る、皮肉を言う、非難する、否定する等があり、非言語的メッセージとしては、にらみつける、あざ笑う、食事を与えない、殴る、蹴るなどの暴力行為等があります。

　認知症やその他の疾患でうまく言葉で意思の疎通ができない要介護者であっても、非言語的メッセージを十分に利用すれば、たくさんの正の注目を与えることができます。

　さらに、正の注目にはもう一つ大きな利点があります。要介護者のある行動に対して正の注目を与えると、その行動が強化されるのです。例えば、食事はいつも自室に閉じこもって食べていた要介護者が、あるとき食堂で皆と一緒に食事をしたとき、タイミングをはずさずに、相手が受け取りやすい形で正の注目を与え続ければ、いきなり変わることはないでしょうが、少しずつ食堂で食事をする回数が増えることが期待できます。

　注目を与えることにより、要介護者の心の栄養価が高まり、自己肯定感の増加、意欲向上が期待され、また望ましい行動の強化が期待できるのです。

　（P51にトレーニング法を紹介しています）

表6　正の注目・負の注目の言語的・非言語的メッセージの例

	正の注目	負の注目
言語的メッセージ	ほめる 励ます 挨拶をする 名前で話し掛ける	けなす 怒鳴る 皮肉を言う 非難する
非言語的メッセージ	うなずく 微笑む 話をよく聴く 握手する やさしく触れる	にらみつける あざ笑う 空返事をする 殴る、蹴るなどの暴力 食事を与えないなどの虐待

9. 相手に関心を持って接する
どんなに忙しくても、要介護者との関係を大切に

出来事ではなく、相手に関心を向ける

　介護の現場では対処しなくてはならないことが次々に起こります。すると、私たちは無意識のうちに問題解決にばかり目が向いたコミュニケーションをとりがちになってしまい、私たちの関心は「相手」ではなく、「出来事」に向かいがちになってしまいます。

　しかし、出来事にばかり関心を示し、相手自身に関心を向けないと、要介護者は、話は聴いてもらえてはいるが、事務的に対応されているような印象を持ちやすくなり、介護者との信頼関係ができあがるのに時間が掛かってしまいます。一方、相手に関心を向けて話を聴くと、相手はよく聴いてもらえたという感覚を持ちやすくなります。

　例えば、Aさんという要介護者が「昨日久しぶりに孫が遊びに来たの」とあなたに話し掛けたとき、あなたが出来事に関心を持っていたら、「お孫さんは男の子ですか、女の子ですか？」「お孫さんの年はいくつ？」「どこかに遊びに行ったの？」など、出来事に注目してAさんの話を聴くかもしれません。一方、あなたがAさんに関心を持っていれば、「楽しかったですか？」「どんな気分でした？」などAさんに関心をもって話を聴くかもしれません。

　コミュニケーションを深めるためには相手に関心を持ち、相手のことを理解することができるような質問をすることが必要です。

　相手に関心を向けた質問をするためには、Youクエスチョンが効果的です。Youクエスチョンとは、「あなたは、～ですか」「あなたにとって～」と相手自身について質問することです。

Youクエスチョンの会話例

「あなたはそれをどのように思いましたか（感じましたか）？」
「あなたにとって、そのことはどのような意味を持ちますか？」
「あなたはそのことをどのようにしたいですか？」

　（P52にトレーニング法を紹介しています）

第3章　コミュニケーションスキル

10. 適切な距離、位置

パーソナルスペースを侵さずに

関係の程度で、適切な距離は変わる

　コミュニケーションをとるときは相手との距離や位置に注意を払う必要があります。パーソナルスペースとは、われわれの周りを取り囲む目に見えない境界であり、この領域に他者が侵入しようとすると、強い情動反応が引き起こされることが知られています。要介護者とのコミュニケーションでは適切な距離をとったり、お互いの位置に配慮することが必要です。

表7　ホール（アメリカの文化人類学者エドワード・T・ホール）の4つの分類

密接距離（恋人同士や親子間）	45cm以下
個体距離（親しい友人や知人間）	45〜120cm
社会距離（仕事の人間関係）	120〜360cm
公衆距離（講演会等の関係）	360cm以上

表8　座る位置が関係に与える影響

正面に座った人とは対立しやすい	正面：真剣・対立・緊張・圧迫
隣に座った人とは同意見になりやすい	横　：親密・協力・同調
斜めに座った人とは相談しやすい	斜め：相談・友愛・共生

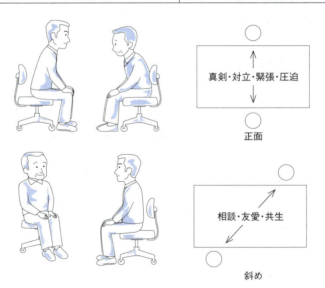

11. コミュニケーション能力を自己評価する

自分で把握し、課題を生かそう

コミュニケーションに必要な6つの能力

コミュニケーション能力とは、「一方的ではなく双方向的に、聴くことと話すことのバランスをとり、人間関係を維持しながら、意思疎通を図っていく能力」と考えられています。コミュニケーションの必要な能力は6つあり、それぞれのバランスがとれていることが重要です。

> ①観察力：言語的・非言語的メッセージに気づく、自己覚知。
> ②傾聴力：相手の伝えていることだけでなく、背後の感情を聴き取る。
> ③尊重力：相手も自分も尊重する。
> ④主張力：伝えなくてはならない事実をしっかり伝える。
> ⑤協調力：双方の主張の調整を図り、調和を図ることができる。
> ⑥支援力：相手も自分も勇気づけ、人間関係を良好に維持する能力。

コミュニケーション能力採点法

- 100点満点で自分の能力についてそれぞれの6項目を自己採点する。
- 中心を0点、外周を100点とし、円に記入する。
- 自分のコミュニケーションを振り返り、大きな丸に近づくように、それぞれの能力を鍛える。
- 自分の親しい人に、それぞれの項目を採点してもらい、自己評価と他人からの評価の違いを考える。

図1　コミュニケーションの輪

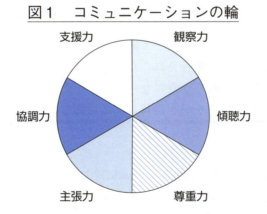

12. ティーチングとコーチング

相手とのかかわり方で使い分け

相手の状態に合わせた対応を

　ティーチングとは指示や助言によって相手に答えを与えることであり、コーチングとは相手から答えを引き出し、自己決定や自己解決を支援することとされています。どちらが優れているということではなく、ティーチングもコーチングも共に相手の状態により使い分けることが理想とされています。ティーチングもコーチングも今の状態から望ましい状態へ到達することを目的としていますが、相手に対するかかわり方が違います。

　ティーチングは指示や助言を通じて相手とかかわります。全く知識がなかったり、間違った思い込みをしている人に対しては指示をすることにより、新たな知識を教え、行動を後押しします。また、自尊心や意欲が低下し、本人のやる気を引き出すことが困難な場合にもティーチングは効果があります。一方、コーチングは、知識はあるが腰が重く、なかなか始めることができない場合や、何から手をつければ良いか悩んでいる人に対して効果的です。

　介護の現場においては、依存的な要介護者に対してコーチングは困難であることが多く、ティーチングで指示や助言をしながら行動を支援することになりますが、依存的状態から自立に向かい始めた人に対してはコーチングを用いることが可能となります。

①ティーチング

1．ティーチングの仕方

①いきなり指示や助言をするのではなく、しばらく観察する。
②なかなか始めることができず、困っているときだけ助言や指示を与える。
③依存的で自発性が乏しい要介護者には、細かく指示を与える。自発性が認められる場合は、提案の形で助言を与える。
④指示や助言をするときは、理由も述べて納得してもらうよう努力する。
⑤相手が拒否する権利を認め、拒否されたら新しい指示や助言を与える。
⑥要介護者の自発性が認められるようになったら、与える指示や助言の量を減らし、自分で考える量を増やし、コーチングに移行する準備を始める。

ティーチングの注意点

　依存傾向のある要介護者や全く知識のない人に対して、望ましい行動を支援するためにティーチングは行われますが、いつまでもティーチングを続けてしまうと、要介護者の意欲や主体性をはぐくむことができず、逆に抑制してしまうことがあります。相手の状態に注意し、やる気や主体性が見え始めたら、コーチングに移行して、やる気や主体性を高める支援をすることがポイントです。

　介護の現場では要介護者と専門職の間では知識も経験も大きな差があります。加えて依存的な要介護者も多く、ティーチングでしか対応できないケースも少なくありません。ティー

チングの成否を決めるのは、やはり介護者側の正確な知識となりますので、介護者自身が介護にかかわる正確な知識や情報の収集に努めることが必要となります。

②コーチング

> **コーチングの仕方**
> ①要介護者が求めているゴール（目標）を明らかにして、お互いに確認し合う。
> ②現状を整理し、今生じている出来事や問題点、自分の感情を要介護者自身が明らかにする。介護者は要介護者が現状を認識するのに役立つ質問を繰り返す。
> ③望ましい目標に到達するために、何ができるか、また何が役立つかを要介護者自身が考える。介護者は質問することで、要介護者が答えを導き出すことができるように支援する。アドバイスや意見は、基本的には行わない。
> ④要介護者自身が、この数日で実行できる行動目標を立てて、要介護者自身に、その行動をすることを宣言させる。
> ⑤介護者は数日後に要介護者が実行できたかを確認し、できていれば次の行動計画を立てるためにコーチングを行う。実行できなかった場合は②に戻り現状の分析をやり直し、新たな行動計画を立てる。
> ⑥目標に到達するまで繰り返す。

コーチングの注意点

　コーチングの基本的な考え方として、答えは相手の中にすでに存在しているということがあります。コーチは目の前の相手が、その問題を解決する能力を持っているということを信じることが必要となります。その上で、相手の持っている選択肢を、さまざまな角度からアプローチして引き出すのがコーチの仕事です。コーチができることは、相手を信じ、質問し、待ち、そしてゴールまでの道を一緒に歩むことです。コーチはクライアントがゴールまでの道のりを歩むことができるように励まし、解決への意欲を高め、維持させる工夫が必要であり、そのためには、クライアントを深く理解し、お互いの信頼関係を深めることが必要となります。

13. 意見の違いを認める

立場が異なれば感じ方も異なる

正しいことをしても理解してもらえないことも

　介護の現場ではさまざまな事象によりコミュニケーションが妨げられる場合があります。また、要介護者と介護者との関係も依存関係や対立関係が生じやすく、適切な関係を維持するための努力が求められます。そのような状況の中、立場が異なれば、見方、感じ方が異なるのは当たり前のことで、私たちは意見が一致することをただ期待するのではなく、初めから喰い違うことが当たり前だと思い、コミュニケーションをとる必要があります。

　「正しいことをしていれば理解してくれるはず」と思わずに、「正しいことをしていても理解してもらえないこともある」とあらかじめ考えておくことで、実際に意見の相違があったときに速やかに対応できるようになります。

LEARN（ラーン）モデル：意見が異なるときの話し合いの手順

意見が異なる場合の話し合いの手順として、LEARNモデルが提唱されています。

- L（Listen）　　　　：相手の話を傾聴する。
- E（Explain）　　　：それぞれの意見や考えを説明する。
- A（Acknowledge）：それぞれの考え方の共通点と相違点を確認する。
- R（Recommend）　：それらを踏まえて今後の方針を提案する。
- N（Negotiation）　：今後の方針について協議する。

実践　チャレンジ・トレーニング

　充実したコミュニケーションを行うためにも、日ごろからのトレーニングは大切。
　ここまで学んできたスキルのうち、代表的なものを、「ワーク」として取り上げてみます。同僚や仲間とのトレーニングにお役立てください。
　ワークを行うときは、できるだけ役になりきって演じてください。そして自分や相手を観察し、そこで起こる感情の変化に意識を向けてください。今まで気づかなかったものを気づくことができるようになるかもしれません。そして、気づいた感情を相手と分かち合い、気づきを深めるよう話し合いをしてください。

1. 共感のワーク

目的：相手の気持ちを感じ取り、それを受け止めた上で、
　　　適切な表現で相手に伝える。

手順：
　①3人1組となり、話し手、聴き手、観察者を決める。
　②話し手は、聴き手に最近経験した楽しかった出来事を話す。
　③聴き手は、その話を聴いて話し手の感情を読み取り、「それは、～という気持ちだったんですね」と察知した相手の感情と、自分の思いを伝える。
　④話し手は、伝えられた感情が、そのときの自分の感情と合っているかいないかを答える。また、聴き手の伝えた思いが話し手にとって受け入れやすい形で伝わっているか答える。
　⑤観察者、話し手、聴き手の順番に感想を発言し、ワークを通じて感じたことを話し合う。
　⑥話し手、聴き手、観察者を交代して、①から⑤の手順を行う。

話し手　　観察者　聴き手

> **アドバイス**
> 　自分の感情を相手が拒否することなく受け入れてくれたと実感することができれば、その人は相手に対し大きな信頼と安心を感じることができます。共感のワークでは相手の感情や思いをただ言葉にして返すのではなく、自分も同じように感じ、そしてその感情を分かち合うようにして下さい。

2. 基本的態度を身につけるためのワーク

目的：話を聴くときの相手の態度により、聴き手はどのような印象を持つのか体験する。

ワーク1
手順：
　①3人1組となり、話し手と聴き手、観察者を決める。

②話し手は聴き手に向かい、最近体験した楽しかった出来事について話す。
　③聴き手は雑誌などを読みながら、話し手の話を聴く（このとき、うなずきや質問はしても良いが、雑誌などを読みながら行う）
　④3分ほど会話をしたところで終了して、観察者、聴き手、話し手の順番で振り返り、感想を発表し合う。
　⑤話し手、聴き手、観察者を交代して、①から④の手順を繰り返す。

ワーク2
手順：
　①と②の手順はワーク1と同様。
　③聴き手は**クローズポジション**を取り、表情を険しくして話を聴く。（うなずきや質問は適宜行ってください）
　④と⑤の手順はワーク1と同様。

ワーク3
手順：
　①と②の手順はワーク1と同様。
　③聴き手は**オープンポジション**で話を聴く。
　④と⑤の手順はワーク1と同様。

> **アドバイス**
> 　介護の現場では、介護者が行わなくてはならない業務が多く多忙のため、時間どおりに物事を進めたいあまりに、要介護者の話を正しく聴いていないことがあります。自分では聴いているつもりでも、相手は聴いてもらったという感覚を持ちにくいということを経験してもらい、コミュニケーション時の態度に意識を向けるようにしましょう。

3．相手の話を聴くためのワーク
目的：相手の話を集中して聴く練習。いきなり話が中断することになるので、聴き手はかなり集中して話を聴かないと要約できない。
手順：
　①3人1組となり、話し手と聴き手、観察者を決める。
　②話し手は聴き手に向かい、今までに体験した行き詰った体験について話す（うまくいかなかったことや失敗したこと）。
　③観察者は話し手が話をしている最中に適当なタイミングで話を中断させる。
　④話が中断したら、聴き手は今まで話し手が話していたことを要約し、そこに込められている話し手の気持ちを代弁する。
　⑤話し手は聴き手が説明した内容が正しければ、「そのとおりです」と伝え、また話し始める。違っていたら、「違います」と伝え、正しい答えを説明した後、再び話し始める。

⑥終了時間が来るまで、④、⑤を繰り返す。
⑦5分ほど会話をしたところで終了して、観察者、聴き手、話し手の順番で振り返り、感想を発表し合う。
⑧話し手、聴き手、観察者を交代して、①から⑦の手順を繰り返す。

> **アドバイス**
> 自分の聴きたいところだけを聴くのではなく、相手の話を聴く練習。実際の介護の現場でも、相手の話を集中して聴くことは要介護者を理解する上でとても重要なスキルとなります。

4．ラポールのワーク

目的：聴き手の態度でラポールがどのように変化するかを体験する。
手順：
①3人1組となり話し手、聴き手、観察者を決める。
②話し手は聴き手に向かい、最近体験した楽しかった出来事について話す。
③初めの2分は聴き手は話し手に対し、**ミラーリング**も**マッチング**もせずに話を聴いている。
④2分ほど経過したら、聴き手は徐々に話し手に対し**ミラーリング**や**マッチング**を行い、ラポールを形成しようと働き掛けを行いながら、話を聴く。
⑤合計3分ほど会話をしたところで終了して、観察者、聴き手、話し手の順番で振り返り、感想を発表し合う。
⑥話し手、聴き手、観察者を交代して①から⑤の手順を繰り返す。

> **アドバイス**
> ラポールを構築することは介護の基本。今回のワークではミラーリングやマッチングを利用したラポール形成を学びましたが、いくら態度や感情、言葉遣いをまねても、その他の態度や傾聴、応答が不適切ではラポールは形成されません。**ラポールはコミュニケーションスタイル全体を通じて形成される**ものであるということを忘れてはいけません。

5．注目のワーク

目的：正の注目、負の注目を列挙し、どのようなものが当てはまるかを学び取るとともに、自分が行いがちな注目の仕方に気づく。
手順：
①3人1組となり、P42に示した例以外にどのようなものが正もしくは負の注目になるか例を挙げる。
②それぞれ自分はどのような注目を与えがちなのか話し合う。

> **アドバイス**
>
> 　人は無視されることを避けようとします。通常は正の注目を得ようと努力しますが、正の注目が得られなければ、負の注目であったとしても、注目を得ようとします。要介護者の行動の背後に注目を得たいという願望が隠されていることがあるので、その点を意識しましょう。

6．相手に関心を持つためのワーク

目的：相手に関心を向けた質問方法を習得する。

手順：

　①3人1組となり、話し手と聴き手、観察者を決める。

　②話し手は聴き手に対して、最近体験した楽しかったことを話す。

　③聴き手は**話し手自身に関心を向けた質問**をして会話を続ける。

　④**出来事に注目した質問**ばかりするようであれば、観察者が聴き手にそのことを伝えて、**相手に関心を向けた質問**をするように促す。

　⑤5分ほど会話を続けたら終了して、観察者、聴き手、話し手の順番に振り返る。

　⑥話し手、聴き手、観察者を交代して、①から⑤の手順を繰り返す。

> **アドバイス**
>
> 　相手に関心を向けた質問と出来事に注目を向けた質問は、適宜使い分けされる必要があります。どちらかに偏って使用することが問題であり、両者を組み合わせて行うことで質問の幅が広がるのです。

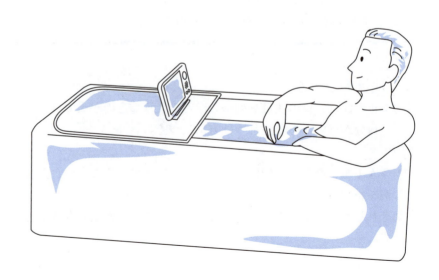

コラム： 「訊く」「聞く」「聴く」の違い

「きく」という言葉は相手の話を受け取ることですが、いくつか漢字があり、それぞれに意味が異なります。3章では意識的に「聴く」という漢字を多用していますが、それぞれにどのような違いがあるのでしょうか？

A．訊く：自分の知りたいことだけをきく

訊くという言葉は英語ではaskという単語で表されます。日本語では「尋ねる」「尋問する」という内容を含みます。

訊き手は相手に質問し、訊き手の訊きたい答えを訊き出します。時には、訊き手が話し手を追いつめることもあります。

話し手の気持ちなどどうでもいい、訊き手が訊きたいことを訊けばそれで会話は終了となります。

例）転倒した要介護者に駆け寄って

介護者　「大丈夫？　どこかぶつけたり、痛いところはない？」
要介護者「大丈夫です。ちょっと尻もちをついただけです。どこもぶつけていません」
介護者　「本当に頭はぶつけていないのね？　何をしようとしていたの？」
要介護者「箪笥の上の小物を取ろうと思って」
介護者　「なぜ一人でしようとしたの？　そんなときは誰かを呼んでくださいね」
要介護者「いやぁ、でも忙しそうだったので、つい」
介護者　「なぜ、そんな遠慮ばかりしているの。危ないから、今度からはちゃんと呼んでくださいね」
要介護者「はい…」

B．聞く：耳に入ってくるものをきく

聞くというのは、相手の声や言葉が聞こえてくることで、「音声として耳に入ってくる」ということです。英語ではhearという単語で表されます。日本語では音・声などが「聞こえる」という内容を含みます。

聞き手は話のすべてを聞いているのではなく、自分の都合のいいところだけを聞いています。聞き手にとって都合の悪いこと、重要でないことは、耳には入っていますが受け取っていません。聞き手の聞きたい答えだけを選別して聞いている状態です。

人の噂話など、興味があれば聞いていますが、興味がなければ聞いていません。

（財）介護労働安定センター企画・監修・販売
「終末期のケア」〜いのちを支える援助的コミュニケーション〜DVDより

> **例）転倒した要介護者に駆け寄って**
>
> 介護者　　「大丈夫？　どこかぶつけたり、痛いところはない？」
> 要介護者　「大丈夫です。ちょっと尻もちをついただけです。ちょっと手紙を見つけようと棚の上を探していたのです。息子からの大事な手紙だったので」
> 介護者　　「大事な手紙であったとしても、一人で勝手に動いたら危ないですよ。何か必要ことがあるのなら、誰か呼んでください」
> 要介護者　「本当に大事な手紙だったんです。見つからないと本当に困るので、つい不安になってしまって」
> 介護者　　「理由は何であれ、とにかく一人で高いところのものを取るのは危険だから声を掛けてくださいね」
> 要介護者　「でも、皆さん、忙しそうで、声を掛けにくいんですよ」
> 介護者　　「いいから、声を掛けてくださいね」
> 要介護者　「はい…」

C．聴く：相手の伝えたいことをすべて受け取る

　聴くということは、積極的に耳を傾けて、話を聴くことで、話し手の内側にある感情や目的にも注意を払うことです。英語ではlistenという単語で表されます。日本語では「意識的に耳を傾けてきく」という内容を含みます。

　聴き手は相手の伝えたいことを、共感的理解を持って受け取り、相手の心の内面をとらえようとします。

> **例）転倒した要介護者に駆け寄って**
>
> 介護者　　「大丈夫ですか？　どこか痛いところとか、ぶつけたところはないですか？」
> 要介護者　「大丈夫です。ちょっと尻もちをついただけです。ちょっと探し物をしていたので」
> 介護者　　「何か大事なものなのですか？」
> 要介護者　「実は息子から来た手紙なんですよ。大事な手紙なので、失くしたのかと思って心配になってしまって」
> 介護者　　「失くしたのかと思って、とても不安だったんですね。」
> 要介護者　「そうなんです。急に不安になってしまって、つい。一人で高いところを探すのは危ないとは思っていたんだけど」
> 介護者　　「そうですね、まだ一人で動くのは危ないと思います。そのようなときはお手伝いしますから、呼んでもらえるとありがたいのですが」
> 要介護者　「それは分かるのですが、忙しそうで、遠慮しちゃって」
> 介護者　　「気を遣っていただいてありがとうございます。迷惑を掛けずに自分一人でやりたいという気持ちは分かりますけど、やはり一人で動かれるのは危険だと思いますので、せめて、声だけでも掛けてもらえませんか？」
> 要介護者　「そうですね。今度から声を掛けるようにします」

第4章

コミュニケーションを妨げるもの

1．なぜコミュニケーションに壁が生じるのか？
2．メッセージに影響を与えるもの
3．認知の歪み
4．コミュニケーションを継続するために必要なもの

この章でお伝えすること

テーマ① コミュニケーションの妨害要因

「正確に自分の考えを要介護者に伝えることが難しいのですが」

「それは仕方がありません。人はありのままの事実を、そのまま受け入れ、理解することは困難です。自分の主観が解釈に介入したり、価値観や信念などにより、認識にバイアスがかかるからです」

テーマ② 認知の歪みに気づくこと

「自分も正確に認識ができているか、自信が持てません」

「認知の歪みは無意識に行われることが一般的。まずはこのことに気づくことが第一歩です。自分のコミュニケーションパターンを知ることも必要ですね」

テーマ③ コミュニケーションを続けるための対処法

「コミュニケーションが途中で終わってしまうことがあります」

「要介護者のことを考えた対応にまず徹しましょう。さらに、コミュニケーションを継続しようとする強い覚悟の気持ちを持つこと、自分の感情とのうまい付き合い方を知ること、過去にばかりとらわれない未来志向の考え方を持つことなどが、コミュニケーション継続には肝心です」

1. なぜコミュニケーションに壁が生じるのか？

100％正確に伝えることは困難

話し手と聴き手の互いの努力が必要

　コミュニケーションは自然に成り立つものではありません。継続するためにはお互いの努力が必要となります。特にお互いが満足するコミュニケーションを実現するためには、多くの労力が必要となるため、残念ながら多くの人はそこまでの努力を払おうとしません。

　なぜ努力が必要かというと、話し手の意図はさまざまな要因で変化しやすく、100％正確に伝えることが難しいからです。相手に何かを伝えたいと思ったときに、私たちはその思いをまず言葉に置き換え、それらを言語的・非言語的メッセージとして伝えます。相手はメッセージを受け取りますが、それらがどのような意味なのかを自分の言葉で翻訳し、そして認識することになります。これらの過程を経る間に、話し手の意図は少しずつ修飾され、元の意味から少しずつずれていくのです。それがコミュニケーションに障害を与える原因の一つです。

　そして、次に言葉そのものの問題があげられます。言葉の持つ曖昧さのため、発信者の意図が100％受信者に伝わることはありません。そもそも発信者自身が自分の思考を完璧に言語化することは不可能です。そのため、そこには漏れや誤解が生じやすいのです。

受け止め方の違いもコミュニケーションの壁に

　人はコミュニケーションを妨げる自分特有の反応パターン（思い込みや誤った価値観）を持っています。同じ出来事であっても、人により受け止め方が違うのはこのためです。そうなると話し手は正確に伝えるよう注意することが必要となりますし、また伝え終わった後で、正しく相手に伝わっているかを確認しなくてはなりません。もし間違って伝わった場合はそれを修正し、もう一度正しく理解してもらえるように伝え方を工夫しなくてはなりません。しかし、多くの人は相手が正しく理解できているかどうかを確認することは、面倒で時間も掛かるため、あまりその作業をしたがりません。それどころかきちんと伝わらないのは、相手の理解力が不足しているからだと、相手の責任にしてしまいがちです。

　このように、私たちにはさまざまな妨害要因が介在し、コミュニケーションの成立を妨げようと働き掛けてきます。これらについて理解し、効果的なコミュニケーションがとれるように工夫することが必要となります。

2. メッセージに影響を与えるもの

コミュニケーションは要介護者を支える基本

①コミュニケーションの過程で生じる変化

　話し手が伝えたメッセージを聴き手が理解するためには、いくつかの過程を経なくてはなりません。その過程のどこかが障害を受けると、メッセージが修飾されることになります。この過程を図に表してみると、次のようになります。

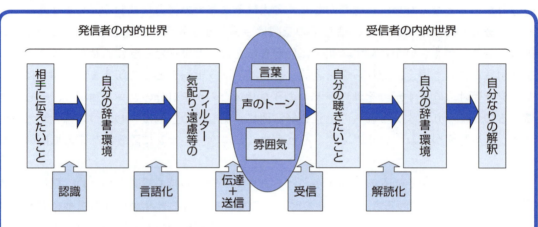

- ・認　識＝自分の感じたことを解釈する。
- ・言語化＝認識したことを言葉に変換する。
- ・伝　達＝大脳が言語化した情報を音声（もしくは非言語的メッセージ）として表出するために、運動神経を通じて音声器官（表出に関与する器官）に刺激を伝え、表出されること。
- ・送　信＝発せられたメッセージが伝播し、聴き手の耳や目など感覚器に伝わること。自分が伝えたいことを伝える。
- ・受　信＝聴き手の取得したメッセージが、受信器官内で電気信号化され、感覚神経を通じて大脳に伝達されること。相手が伝えたいことを聴く。
- ・解読化＝大脳において得た情報を解読化し、得た内容に意味づけをし、自分の体験とする。（聴き手の中に新たな経験をつくりだすこと）

❶認識

　認識とは、私たちが自分の中で生じた感覚や外界から得た情報にさまざまな意味づけをして、自分の事実として意識上に出現させることです。

　私たちはどんなに正しく事実を見ているつもりでも、さまざまな主観的要因が介入し、事実を歪めてしまいます。これを主観的事実といいますが、通常私たちはその歪みに気づくことはなく、それを客観的事実として受け入れています。

　この過程が障害を受けると、私たちは感じたり、見たり、聴いたりすることはできても、それが何であるか理解ができない状態になります。

❷言語化

　私たちは相手に何かを伝えたいと思ったとしても、そのままの形では相手に伝えることはできません。そのため、私たちはまず相手に伝えたいことを、言葉や身ぶり、表情などに翻訳しなくてはなりません。また、私たちは感じただけでは、それがどのようなものなのか正しく理解することもできません。私たちが自分で理解するためには、そのものを言葉に置き換える必要があるのです。しかし、言葉は100％正しく自分の思考や感情、感覚を表すことはできません。それは言葉自体の曖昧性の問題であり、また語彙数の問題でもあります。つまり、思考や感情、感覚を言語化する段階で、さまざまな修飾を受ける可能性があるのです。

❸伝達

　私たちが感じたことを言語化した後は、その内容を言葉や表情、態度で相手に伝えるための器官（口や表情をつかさどる器官や神経系など）に情報を送らなくてはなりません。伝達は脳神経を介して伝わりますが、脳梗塞などさまざまな疾患により、伝達が障害されることがあります。

❹送信

　神経を伝わって届いた刺激により、メッセージを発する器官（声帯や口唇、表情筋やその他の筋肉）の動作が起こり、メッセージは相手に向かって送信されます。これらのメッセージは声の大きさやトーン、雰囲気などにより影響を受けます。

❺受信

　相手から送ってきたメッセージを受信し、感覚神経を通じ大脳に伝えられる過程です。ここでは目が見えなかったり、耳が聞こえなければ受信は障害されますし、また脳神経の障害があれば受信した情報を脳に送ることができなくなります。

❻解読化

　受信した情報を、受け手の過去の体験や自分の信念、価値観などあらゆる情報と照らし合わせ、自分なりの解釈を加えて、送信者の意図を理解しようとする過程です。

②**主観的事実**

　主観的事実とは、それぞれの主観が解釈に介入し、新たに意味づけが加わった事実ということであり、ありのままの事実ではありません。しかし、多くの場合、私たちは主観的事実をありのままの事実として認識しています。

　主観的事実が形成されるまでの過程は、まず情報に対し、自分の感覚器（センサー）が反応するところから始まります。反応は刺激時間や強度、受け手の感受性や注意力、体調等に大きく左右されるため、同じ刺激であっても、毎回同じ刺激として受け取ることはありません。

　情報は、価値観や信念、宗教、教育、文化等の個人的フィルターを通過し、その際に必要な情報、不必要な情報に分けられ、取捨選択されます。

フィルターを通過した情報は、今までの体験や思考、感情などにより自分なりの意味づけがなされ、それを事実として認識するのですが、私たちは通常、その変化、修飾に気づくことはなく、これをありのままの事実と勘違いして認識されることになります。
　私たちは現実をありのままに認識しているのではなく、自分の経験の中からつくりだされた現実、いわば、「脳内の現実」を、現実として認識しているといえます。つまり、私たちは事実を客観的に体験しているのではなく、主観的に体験しているということになります。
　介護に当たり、私たちは自分の思い込みに注意を払わなくてはなりません。繰り返し言いますが、私たちは、いわゆる客観的事実というものをそのまま受け取ることはありません。大抵の場合、そこに主観が入り込み、客観的事実を歪めてしまいます。しかも、自分にとって不安や恐れが少なくなる方向に事実を歪めてしまい、そしてそのことに気がついていません。このため、よく言い争いになったりすることがあります。

③認知バイアス

　バイアスとは広辞苑によると、「先入観、偏見、偏り」という意味がありますが、認知バイアスとは、事実を認識する際に、自分の価値観や信念、希望に一致する方向に事実を歪めたり、対象の特定の特徴だけに注目し、他の特徴を軽視することです。
　例えば、介護者が要介護者に挨拶をしたときに返事がなかったとき、普段から関係が上手にとれずにいた場合であれば、介護者は「挨拶をしなかったのは、やっぱり私のことが嫌いだったからだ」と考えるかもしれません。一方、普段から仲が良い場合であれば、介護者は「挨拶しないなんて、今日は何か悩んでいることや心配事があるのかしら」と考えるかもしれません。起こっている出来事は一つですが、その人の考え方や信念により、出来事に対する意味づけが異なるのです。
　また、認知バイアスは、現在の状況に対してのみ作用するのではなく、過去の記憶に対しても作用しています。つまり、私たちは過去の記憶に対しても、自分の価値観や信念、希望に合致するものだけを選んでは思い出し、そのことでさらに価値観や信念、希望を増幅させているのです。そのことを表す例として、次のようなものがあります。

［認知バイアスの例］
　あるカウンセラーから聞いた話ですが、Aさんという女性は親との関係で悩み、カウンセリングを受けることにしました。Aさんの過去の体験を聴いたところ、Aさんは子どものころから、親から一度もほめられたり、かわいがられた記憶がなく、いつも怒られてばかりいたという話をしていたそうです。そこでカウンセラーが子どものころの両親との出来事を聴いたところ、Aさんはこのように答えました。

両親との関係が悪化していたときの思い出

> 「私が5歳くらいのとき、両親と近所のお祭りに出掛けようとしていました。私は、何を買ってもらおうかいろいろ考え、すごく楽しみでした。ちょうど出掛けようとしたとき、田舎のおじさんから、おじいちゃんが転んで怪我をしたので入院したという電話

があ00ました。電話が終わったので、私は早くお祭りに行きたいので、両親に早く行こうといいました。でも、両親は私の言うことを無視して、何か言い争っていました。どうやらけんかをしていたみたいで、お父さんは一人で出掛けてしまいました。そして、私はお母さんと２人でお祭りに行きました。お母さんは私といてもつまらなそうにしていて、私の手を引いて歩き回り、結局、綿菓子しか買ってもらえずに家に帰ってきたことがあります」

　その後何度もカウンセリングをして、両親との関係が改善したときに、カウンセラーがAさんに再度、お祭りの話を聴きました。そのときにAさんは次のように答えたそうです。

両親との関係が改善したときの思い出

「私が５歳か６歳くらいのころだったと思います。両親とお祭りに出掛けようと準備をしていたとき、おじさんからおじいちゃんが怪我をして入院したという電話がありました。私はお祭りに行くのをすごく楽しみにしていたので、早く行こうと両親に言いました。両親はちょっと困った顔をして、何か話していました。私は早く行きたいので、何度もせがみ、駄々をこね始めました。そうしたらお父さんは私に、『おじいちゃんが入院したからお見舞いに行かなくてはならない。お父さんは先に行くから、お前たちは明日来なさい』と言ってくれて、お父さんだけが先にお見舞いに行きました。お母さんはちょっと心配そうな顔をしていたけど、私に向かって、『お祭りに行きましょうね』と言ってくれたので、嬉しかったです。お祭りではお母さんはずっと手をつないでくれました。何を買うか迷ったけど、お母さんに綿菓子を買ってもらいました」

　２つの思い出では、Aさんが過去に経験した出来事は同じですが、出来事に対する意味づけが異なっています。「両親は私のことをかわいがってくれない」という信念を持っているときには、その信念を裏づけするのに都合のよい出来事や解釈を優先して思い出しますが、両親との関係が改善した後では、両親は私をかわいがってくれないという信念は薄らいでいますから、その歪みが少なくなっています。

　このような認知バイアスは色眼鏡のようなものだとも言えます。私たちは一人ひとり独特の色眼鏡をかけて世界を見ています。つまり、私たちの見る世界は、現実の世界ではなく、認知バイアスを通して見た、主観的な歪みのある世界であるといえます。そして私たちは、認知バイアスを通して見た外界に反応して行動しています。つまり、客観的な事実ではなく、主観的な事実に反応しているのです。

　私たちは常に色眼鏡で事実を見ていることを意識し、常に別の解釈があるかどうかを考えなくてはなりません。事実にこだわって話をすると、自分ではその歪みに気づくことができず、時に他者と衝突することがあります。お互いが自分の方が正しいと主張し始めたら、そこには相互理解ではなく、対立が生まれます。対立からは何も生まれません。お互いを理解するためには、自分の見方が絶対に正しいと思わずに、別の考え方、見方もあるのだと、その違いを認めることがコミュニケーションを妨げないために必要なことです。

④印象形成

　印象形成とは、容貌・声・身ぶり・風評など、他者に関した限られた情報だけを手掛かりとして、その人物の全体的なパーソナリティを推論することです。例えば、「身なりの悪い学生は素行も悪い」や、「認知症の要介護者は何も考えることができない」といった具合です。印象形成には今までの自分の経験や考え方、信念が関与しているほか、社会的な通念も大きく関与します。特に私たちはある人について、良い情報と悪い情報を与えられたとき、悪い情報を優先的に選び取り、その人の印象を形成してしまう傾向があるとされています。

　このように私たちは目立つ特徴ばかりに注目を与え、それ以外の特徴を参考にせず、その人の印象を形成してしまう傾向があります。冷静に良い面、悪い面両方を見比べたり、自分の思いだけで判断するのではなく、他の人の意見も参考にするなど、間違った印象を持たないように気をつけなくてはいけません。私たちはいったん相手に抱いてしまった印象は、なかなか修正することはできません。

　印象形成はコミュニケーションに大きな影響を与えます。私たちは、相手に対する情報が曖昧であったり、ほとんどない場合は、得ることのできるわずかな情報を手掛かりとして、直感的にその人を判断する傾向があります。また、いったんその人についての印象をつくりあげてしまうと、無意識のうちに、それらを確証できるような情報ばかりを選び取り、その印象を強固なものにしようとしてしまいます。

　介護の現場では病気に対する理解不足、介護者同士の連絡不足等により、要介護者に対する誤った情報が、正しいものとして伝わることがあります。

　また、要介護者の行動は、そのとき担当していた介護者に対するメッセージでもあり、誰に対してもその行動をとるというわけではないことを理解しておく必要があります。一つの言動や症状だけで、その人を判断することは、誤った認識を持つ可能性が高く、非常に危険です。

⑤常識と私的論理

　常識とは、特定の集団内の人は誰もが持っているとされる価値観や思考・判断のことで、集団生活を送る上で意識しなくてはならない約束事です。常識（とされているもの）がかけ離れていると、同じ反応が全く異なる意味としてとらえられたり、その集団では異質なものとして判断される場合もあるなど、集団内でのコミュニケーションに混乱を引き起こしかねません。

　一方、私的論理とは、認知バイアスで新たに意味づけされた常識や、経験によりつくりあげられた、自分だけの常識ともいえます。

　私的論理と常識が大きくかけ離れていなければ問題は生じにくいのですが、著しくかけ離れている場合は、コミュニケーションに大きな影響を与えることになります。

⑥感情

　感情のコントロールはコミュニケーションにおいてとても重要です。怒りの感情は一瞬でコミュニケーションを破壊してしまいます。それどころか、その後の人間関係にも大きな影響を与えることになります。

怒りをどう扱うかが、コミュニケーションでは重要です。実際の介護の現場でも、かかわりの中で介護者や家族、同僚、そして自分自身に怒りの感情を抱くことは少なくないと思います。そして、怒りを感じた後、怒りを感じた自分自身の余裕のなさに失望したり、自分を責めたりしているのではないでしょうか？

　怒りの感情は二次感情といって、怒りの感情の背後に隠された感情があるといわれています。どういうことかというと、寂しさや悔しさ、ねたみ、不安などの感情がまず生まれ、それらの解決を図るため、怒りの感情が使われると考えられているのです。感情が使われるという表現は、聞きなれない人も多いかと思いますが、アルフレッド・アドラー（オーストリアの精神科医　1870－1937）によると、感情は何かの刺激により受動的に湧き上がるものではなく、ある目的を果たすために、自ら生み出し、能動的に使用されると述べています。怒りの感情を使用する目的は、アドラーによると、相手を支配するため、相手に打ち勝ち、自分の正当性を明らかにするため、社会的正義のため等といわれています。

　介護の現場だけでなく、私生活においても、ある人とのコミュニケーションの最中に相手に対し怒りの感情を感じたら、その怒りの感情の目的に注意を払ってください。多くは、相手を打ち負かしたい、自分の正しさを伝えたい、相手をコントロールしたいという目的があることに気がつくと思います。

　コミュニケーションの目的は、相手を支配することでも、自分の正しさを伝えることでもありません。相手と違いを認め合い、相互理解、信頼関係を深めることです。

　あなたのコミュニケーションの目的が、相互理解でなく、「相手を支配したい」ということであれば、怒りの感情を使っても構いませんが、信頼できる関係をつくることであるならば、怒りの感情は役に立ちません。もし怒りを感じたら、いったん会話を中断し、冷静になってからコミュニケーションを再開するか、必要なことだけに注目して、できるだけ感情を交えずに済ますことしかありません。そもそも感情は非言語的メッセージの中で、最も相手に伝わりやすいメッセージですから、繰り返すようですが、やはりコミュニケーションをいったん中止し、冷静になったところで再開することが望ましいと思います。

3. 認知の歪み

過度の誤解や思い込みが心身のストレスに

多種多様な歪みのタイプ

　認知の歪みは、私たちに誤解や思い込み、拡大解釈を与え、私たちのコミュニケーションに大きな影響を与えます。歪みの程度がひどくなると、それによって生じる影響を受容しきれなくなり、心身にストレスを与える原因となり得ます。近年精神科で行われている認知療法は、この認知の歪みを、自らに気づかせ、修正を試みる精神療法です。

よく認められる認知の歪み

❶二分割思考
　これは、お互いに相反する極端な２通りの見方で物事を判断し、中間部分が全くない思考のことです。
　例）「優勝できなければ、最下位も同じことだ」と考えたりすることです。

❷過度の一般化
　ある特定の出来事を、多くの出来事の中の一つと見なさないで、一般的な特徴とみなすことです。
　例）要介護者がたまたま介護者の指示に従わなかっただけで、「いつもこの人は指示に従わない」とか、「この人は人の言うことなど全く聴こうとしない」と考えてしまうことです。

❸選択的抽出
　複雑な場面で、ある特定の側面だけに注目して、他の側面を無視してしまうことです。一つのことにだけこだわってしまい、他のことに目が向かない状態です。
　例）毎日つくった料理をおいしく食べてくれるのに、たまたま一日だけ、味つけが濃くなってしまい、要介護者から指摘されたことをいつまでも気にして、そのことが頭から離れなくなってしまうことです。

❹肯定的側面の否定
　うまくいったことや肯定的な出来事を軽視したり、否定したりすることです。
　例）料理に自信のない介護者が、要介護者から「おいしい」とほめられても、「お世辞で言っているだけ」「そのようなことはあり得ない」と考えてしまうことです。

❺悲観的想像
　相手の気持ちを勝手に想像して、根拠もないのに自分が否定されていると感じてしまうこと。また、事態は必ず悪化すると思い込むことです。
　例）病気で寝込んでいる人が、「きっと家族は自分のことを自己管理もできない、だらしのない人間だと思っているに違いない」と思い込んだり、「この病気は悪い病気で、絶対に治らない」と思い込むことです。

❻過大評価と過小評価
　出来事を正しく評価せずに、否定的なことを過大に取り扱い、肯定的なことは過少に扱うこと。自分の失敗は大きくとらえ、うまくいったことはあまり評価しないことです。

❼情緒的理由付け
　そのときの感情が、実際の状況を表していると考えることです。

例）「私は不安を感じているから、これは必ず失敗する」と考えることです。

❽〜すべき思考
　何かをしようとするとき、「〜すべき」「〜しなければならない」と考えることです。
　例）「介護者は人に親切にしなければならない」とか、「介護は一生懸命行うべきである」と考えることです。

❾レッテル貼り
　失敗したときに、大げさなレッテルを貼ってしまうことです。
　例）ミスをしたときに、「今回はたまたま失敗してしまった」と考えるのではなく、「自分は未熟で失敗しやすい人間だ」と考えてしまうことです。

❿自己関連付け
　何か良くないことが起こったとき、自分に責任がないような場合であっても、自分がその原因であると考えてしまうことです。
　例）朝、要介護者から挨拶されなかったとき、「自分の何かが悪かったためだ」と考えてしまうことなどがあります。

　認知の歪みは無意識に行われているため、これらの存在に気づくことが、歪みのあるコミュニケーションから脱却する第一歩となります。これらのパターンは明確に区分されたものではなく、お互いに重なり合って表れます。人によっても表れやすいパターンがあります。これらの心の癖を知ることで、効果的なコミュニケーションをとることができますし、自分の癖を知ることができれば、自分の感情をコントロールすることに役立ちます。
　認知の歪みに自ら気がつくことは困難です。他の介護者のコミュニケーションを観察したり、自分の言葉掛けを記録した介護日誌をつけることは、自分の思考の癖を見つけるために非常に有効な方法です。しかし、多くの場合、自分の癖は無意識の中で行われるため、それを意識化することは慎重に、注意深く読み返さないと見つけ出すことができません。そのようなときは、自分の介護や介護日誌を、他の介護者に見てもらい、自分のコミュニケーションを評価してもらうことが効果的です。自分の癖を他人から指摘されることに抵抗を感じる人がいるかもしれませんが、複数の人に見てもらうことは、自分の癖を見つけるためにとても有効ですので、ぜひチャレンジしてください。

4. コミュニケーションを継続するために必要なもの
正しく伝わらないこともあると常に意識すべし

6つのポイントに留意

　コミュニケーションを効果的に継続させていくために、私たちがとるべき対処方法としては大きく分けて2通り考えられます。まず一つは、メッセージは必ず何かしらかの修飾を受け変化するため、話し手の意図どおり正しく伝わることはまれであるということを常に意識して、必ず相手に確認を取りながら、コミュニケーションを行うことと、もう一つは、コミュニケーションの過程に生じるさまざまな影響要因について理解し、それらの影響を最小限に留める工夫をすることです。

①自己のコミュニケーションパターンを知る

　自己覚知とは、自分の考え方の癖を自分自身で理解することです。人は正しく判断しているつもりでも、それまでの自分の経験と知識によって、無意識のうちに意味づけをして判断し、それを一般化してしまう傾向があるということは、これまで述べてきました。このため私たちは要介護者のためと言いながら、自分の考えを一般化、正当化していることが少なくありません。適切な介護をするためには、私たちは自己覚知をし、自分のコミュニケーションの癖を理解し、必要があれば修正をしなくてはなりません。

②コミュニケーションの主役を考える

　コミュニケーションの主役はいったい誰でしょうか。話し手でしょうか、それとも聴き手でしょうか。

　情報交換型のコミュニケーションの場合は、聴き手が主役となります。言いたいことを伝えるのではなく、相手が何を受け取ったのかが重要だからです。自分が伝えたいことを一方的に伝えることはコミュニケーションではありません。コミュニケーションは相手に聴いてもらうことができたときに成立するのです。そのような意味で、コミュニケーションで大事なことは、「自分がどう伝えたか」ではなく、「相手がどう反応したか」ということになります。自分の望む反応が得られないということは、自分の意図が正しく伝わっていないということです。これは自分の伝え方が悪かったためで、決して相手の責任ではありません。自分の望むような相手の反応が得られなければ、望む反応が得られるまで、伝え方を工夫して何度も行うことが必要となるのです。

③コミュニケーションの覚悟

　コミュニケーションの覚悟とは、コミュニケーションをあきらめずに継続するという強い気持ちのことです。私たちはともすると、コミュニケーションの最中に、ちょっと気に入らないことがあると、そのコミュニケーションをやめるに値する理由を探してしまうことがあります。例えば、「ちゃんと聴いてくれない」とか、「この人の価値観は理解できない」とか、

「どうせ話を聴いてくれない」とか、コミュニケーションを中断させるために自分を納得させられるだけの、もっともらしい理由を見つけ出し、コミュニケーションを中断させてしまうのです。

このような状態に陥ると、私たちは一方的に相手に自分の伝えたい情報だけを投げつけ、早々にコミュニケーションを終了させようとします。

そして自分が、相手が受け取りやすいように伝えていないことを棚に上げて、「私はきちんと説明しました」と自己の正当性ばかりを声高に訴え、「相手がきちんと受け取らないから、コミュニケーションがうまくとれないのだ」と、コミュニケーション失敗の理由を相手のせいにしがちです。

コミュニケーションを継続させるには、覚悟と努力が必要です。コミュニケーションはすべてが自然に心地よく行われるばかりではありません。コミュニケーションを妨げているものは、相手ではなく、自分にあることを強く意識し、どのようなことがあれ、コミュニケーションをとろうという覚悟を決め、自分にとって不都合なところ、気に入らないところだけを見つけるのではなく、相手のいいところを探し続けることが、コミュニケーションを継続するために大事なこととなります。

④感情とうまく付き合う

喜びや楽しさは会話を弾ませ、相手との信頼関係を築きやすくします。一方、怒りや不安は、相手とのかかわりを拒絶し、時には関係を破壊してしまうことがあります。コミュニケーションの良否は感情とどう付き合うかで決まると言っても過言ではありません。喜びや楽しさなど陽性感情は素直に表現しても問題はありませんが、怒りや不安、失望などの陰性感情はあまり率直に表現するのは考えものです。

怒りや不安などの陰性感情を無理やり押さえ込もうとすることは、多くの場合、失敗に終わります。感情はある目的をかなえるために自分でつくりだしているものですから、その感情の背後にある自分の本当の目的を満たさない限り、その感情が消えることはありません。そのため怒りであれ不安であれ、感情が高ぶったときは、無理をせずにコミュニケーションをいったん中断し、そして気分が落ち着いたところで再開することが、無理やり感情をコントロールしようとするよりも有効です。

⑤自分と未来を見つめる

過去はすでに過ぎ去ってしまい、今さらどうすることもできません。原因も同じです。変えることができないものを指摘されても、どのように答えればよいのか分かりません。過去と原因を指摘された場合、相手から自分の間違いを指摘されるように感じ、多くの人は防衛的に自己弁護を始めてしまい、コミュニケーションの継続を妨げます。会社や組織などで原因追求をすることは有意義であるかもしれませんが、個人と個人のコミュニケーションでは、原因追求は相手を追いつめることになるだけです。

私たちは、自分自身と未来しか変えることはできません。相手と過去は変えられないということを強く意識することが、コミュニケーションでは必要となります。原因は過去に存在しているのであって、未来にあるものではありません。未来に存在するのは結果です。原因

は変えることはできませんが、結果であれば、これからの行動の修正で変えることが可能です。

　過去や原因、当人以外の第三者に目を向けたコミュニケーションは相手の防衛や陰性感情を引き出しやすく、コミュニケーションの継続に大きな障害となり得ます。それよりも未来と当人自身に焦点を当てたコミュニケーションを行うことが大切です。

⑥意図が伝わっているか確認する

　キャッチボールではきちんと丁寧にボールを相手が捕りやすいように投げます。もし、うまく捕りやすいところに投げられなければ、次に投げるときはもっと丁寧に投げるはずです。それは相手が捕りにくそうにしているのが、はっきりと確認できるからです。相手が捕りにくそうにしていれば、それは明らかに自分の投げ方が悪かったと、自分で気づくことができます。しかし、コミュニケーションにおいては、自分の発したメッセージはどのように相手に伝わったかは確認できません。自分ではきちんと投げているつもりですから、望ましい反応が返ってこないと、自分のことは棚に上げて、相手の受け取り方が悪かったのだと責任転嫁をしてしまいがちです。もちろんすべて自分が悪いわけではなく、相手がきちんと聴いていないことが原因の場合もあるかもしれません。しかし、いずれにしろ、コミュニケーションがうまく行われていないときは、お互いに意図が分かり合えているかを確認することが必要となりますし、うまく伝わっていないときは、再度工夫をしながらコミュニケーションをとる必要があるのです。

第5章

高齢者の理解

1. 超高齢社会の到来
2. 増える要介護者
3. 老化
4. 老化の原因
5. 老化による身体変化
6. 高齢者の心理状態
7. 高齢者の生きがい
8. 発達心理から見た高齢者

この章でお伝えすること

テーマ① 日本は超高齢社会に突入

「少子高齢化って言われていますが、高齢者は実際にどれくらい増えていますか？」

「日本は世界でも有数の長寿国。2007年に高齢者の割合は2割を超え、超高齢社会となりました。今後は後期高齢者の占める割合が一段と大きくなると予測されています。おのずと要介護者も増えるでしょう」

テーマ② 老化により身体に大きな変化

「老化による肉体的な変化はどのようなものでしょう？」

「加齢により、視覚、聴覚などさまざまな器官に変化が生じます。これがもとで、コミュニケーションにも影響を与えてしまうのです」

テーマ③ 高齢者の心理にも変化

「老いにより、精神的なショックを受ける方もいます」

「老いが原因で、性格が変わったり、生きがいを失う方は少なくありません。高齢者ほど生きがいを持ち、人生に対する積極性を失わないようにしたいもの。そのための支援が介護スタッフには求められます」

テーマ④ 発達心理学から見た介護への視点

「老いに負けないための心構えは？」

「高齢期に入ること、老いを迎えることを受け入れられるようにすること。自己のアイデンティティーを再構築することが必要です。そのためにも発達心理学は、重要なヒントを与えてくれるでしょう。介護者は、高齢者の生きがいの再発見につながるような支援に努めましょう」

1. 超高齢社会の到来

進む！　わが国の少子高齢化

高齢者人口が増え続けている

　わが国は世界でも有数の長寿国といわれています。厚生労働省が発表した平成28年簡易生命表によると、男の平均寿命は80.98年、女の平均寿命は87.14年といずれも世界トップクラスの長寿国となっています。

　一方、わが国の年間出生数は1970年代前半には、およそ200万人でしたが、最近では100万人を割り込んでいます。合計特殊出生率（女性が生涯に出産する子どもの数）は、第1次ベビーブームの頃には4.5以上の高い値を示しましたが、1950年代には3を割り、1975年には2を下回るようになりました。その後も合計特殊出生率の低下は進み、2005年には1.26と過去最低値を更新しました。しかし、2006年以降若干ではあるものの微増に転じ、2006年は1.32、2007年は1.34、そして2016年は1.44（概数）となっています。しかし、この数値は長期的に人口を維持できる水準の2.07よりかなり低く、人口減少、人口高齢化を防ぐには至りません。

　このように平均寿命の延長や少子化により、人口に対する高齢者の割合は年々高まっています。高齢化社会とは65歳以上の高齢者が総人口に占める割合（高齢化率）が7％を超えた状態を指しますが、これが14％を超えた段階を「高齢社会」といいます。総務省によれば1950年の日本の高齢化率はわずか5％であったのに対し、日本は1970年に高齢化率が7％を超え「高齢化社会」に、1994年には高齢化率が14％を超えて「高齢社会」に、そして2007年には高齢化率が21％を超えてしまい「超高齢社会」となりました。

　加えて、第一次ベビーブーム世代が2015年から65歳以上人口になったことから、今後も、高齢者数、高齢化率ともに上昇していきます。65歳以上の高齢者数は、2025年には3,657万人（30.3％）となり、2042年にはピークを迎える予測（3,878万人）です。また75歳以上高齢者の全人口に占める割合も増加していき、2055年には25％を超える見込みです。

2. 増える要介護者

社会保障費が急増と予測

社会福祉制度の再構築が課題

　高齢者は成人や若年者よりも有病率が高く、介護を必要とする人の割合が高まります。要介護者数の増加は医療費や介護費用の増大を招き、ひいては国の財政を圧迫し、社会福祉制度そのものが成り立たなくなる可能性があります。

　日本においては、2000年に介護保険が導入されました。2001年4月末に要支援もしくは要介護と認定された高齢者は約250万人でしたが、2015年4月末には約608万人にまで増加し、今後も増加が予想されています。

2014年度の社会保障給付費の総額は、112.1兆円となっており、1950年度の集計開始以来最高額となりました。内訳は、年金が54.3兆円（48.5％）、医療が36.3兆円（32.4％）、福祉その他は21.4兆円（19.1％）です。

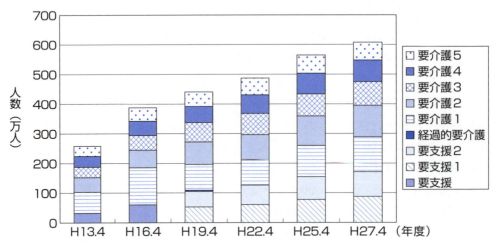

表1　要介護度別認定者数の推移

資料：厚生労働省「介護保険事業状況報告」一部改変
（注）平成18年4月より介護保険の改正に伴い、要介護度の区分が変更されている。

3. 老化

歳を重ねることで心身に変化

老化の速度は個人差が大きい

　老化とは加齢により臓器の機能やそれらを調節する機能が低下することにより、身体や精神状態に非可逆的な変化を引き起こし、最終的には死に至る過程であり、この変化は基本的には衰えていく過程を表しています。

　老化は誰にでも起こる変化ですが、出生から成人へと発育していく過程では個人差はあまり見られません。老年期を迎え老化が始まると、その速度は個人差が大きく、しかも年齢を重ねるにつれ、個人差はさらに大きくなります。これは老化には、生活習慣や生活環境、疾患などが大きく影響しているためと考えられます。

　老化は生理的老化と病的老化に分類されます。生理的老化は加齢に伴い出現する生理的な機能低下であり、病的老化は疾患などさまざまな要因により、著しい機能低下を示します。

　老化により人は身体や精神状態に大きな変化が表れます。これらはコミュニケーションに大きな影響を与えるため、老化について学ぶことは介護におけるコミュニケーションにとってとても重要です。

4. 老化の原因

老化の仮説を把握しよう！

　老化の原因はいくつかの仮説があり、現時点でも研究されています。実際にはこれらの仮説が複合的に組み合わさり進行するものと考えられています。

①テロメア説
　人間の細胞には46種類の染色体がありますが、その染色体それぞれの末端にはテロメアという構造があります。テロメアは染色体末端を保護し、染色体が壊れないようにしています。しかし、このテロメアは、細胞が分裂するごとに少しずつ短くなり、ある程度短くなると細胞そのものが分裂できなくなるため、寿命を迎えるという説です。

②ホルモン低下説
　細胞や組織、臓器の恒常性を維持しているさまざまなホルモンの産生能が徐々に低下するために、体の諸機能が低下し老化するという説です。

③活性酸素説
　強い酸化作用があるフリーラジカル・活性酸素が、脂質やたんぱく質や遺伝子に障害を与え、その障害が積み重なることによって、老化が進むという考えです。
　活性酸素が、細胞の不飽和脂肪酸に作用すると、有害な過酸化脂質になり、動脈硬化を引き起こします。最近では、脳卒中、糖尿病、心筋梗塞、アトピー性皮膚炎、リウマチなどの数多くの病気にも、活性酸素が関連していることが分かってきました。また、紫外線によって皮膚が老化する光老化も活性酸素が深くかかわっています。

④遺伝子修復障害説
　遺伝子が障害を受けたときに、その障害を修復しようとしてもうまくいかず、細胞に突然変異が起こったり、DNA障害が蓄積することにより細胞機能が衰えていくという説です。

⑤老廃物蓄積説
　老廃物（機能が低下したり消失したたんぱく質）が細胞外へ排出しきれずに細胞内に蓄積され続け、その結果、細胞や組織、臓器の機能が低下するという説です。

5. 老化による身体変化

身体変化の具体的な内容とは

さまざまな器官で衰えが進む

　老化により私たちの体にはさまざまな変化が生じます。老化による変化で一番初めに見られる変化は運動機能の低下です。運動選手などはその変化が顕著に表れますが、35歳位までには最高能力が低下し始めます。

　40歳代に入ると感覚器官の機能低下が目立ち始めます。よく見られるものとして老眼があります。水晶体の調節力が弱まり、文字を読む距離（30cm程度）で焦点が合わせにくくなります。

　その後の変化として自覚されやすいものに難聴があります。難聴は初めは高い音が聞き取りにくくなり、その後徐々に低い音も聞き取りにくくなります。そのため会話が聞き取りにくくなり、コミュニケーションに大きな影響を与えることとなります。

　その他の変化としては、体脂肪の増加、筋肉量の減少、骨密度の低下等があります。体脂肪の増加は体型の変化を来しやすく、一方、皮下脂肪は減少するため、皮膚が薄くなりしわができやすくなります。

　内臓機能も、30歳代をピークとし、その後徐々に低下しますが、低下してもまだ十分に臓器の機能としては余力を有しているため、自覚されにくいまま経過していくことになります。

①視覚の変化

　私たちは遠くのものを見たり、近くのものを見るときに水晶体の厚さを調整して焦点を合わせます。加齢により水晶体の調整機能が低下し、焦点が合わせにくくなることが老眼です。老眼になると近くのものに焦点を合わせにくくなるため、新聞や読書の際に遠ざけて読んだり、眼鏡が必要となります。

　また、視力低下も老化により進行します。平均的な成人の視力は1.2前後といわれていますが、高齢者の平均的な視力は、60歳代で0.5、70歳代で0.4、80歳代で0.3と低下しており、眼鏡等による矯正が必要となります。

　暗いところから急に明るいところに移動したとき、一瞬見えにくくなり、その後徐々にはっきりと見えるようになります。また明るいところから暗いところに移動したときも同様です。このように急な明るさの変化に対応することを明順応、暗順応といいます。明順応は30秒から1分程度で完了するのに対し、暗順応は30分から1時間ほど時間が掛かってしまいます。暗順

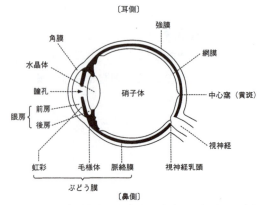

眼球水平断面図

［出典］「介護福祉士試験対策〈2018年試験用〉」
　　　　（公財）介護労働安定センター

応の方が明順応よりも時間が掛かるのは、ロドプシンという暗いところでの視力に関する物質が合成されるのにこれくらいの時間が必要となるためです。この順応能力は加齢により低下し、それぞれの時間は延長します。

②聴覚の変化

聴力は通常50歳を過ぎると急激に低下し始め、60歳以降になると会話に支障が出始めることがあります。聴覚の老化により見られる変化は進行性の聴力低下で、これを老人性難聴といいます。難聴には、鼓膜や中耳の病気により音の伝導が障害されて起こる伝音性難聴と、音を聞き取る内耳の感覚細胞の機能低下か、感覚細胞から脳へ刺激を伝える感覚神経の障害により引き起こされる感音性難聴があります。老人性難聴は、内耳より中枢側の感覚神経系の老化による感音性難聴が主体となります。

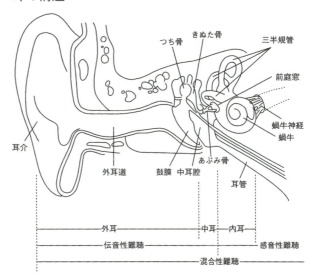

耳の構造

[出典]「介護福祉士試験対策〈2018年試験用〉」（公財）介護労働安定センター

③言語機能の変化

加齢による言葉の障害には、発声持続力低下、語想起低下などがあります。語想起とは、私たちが相手に伝えたい言葉を選び出すことです。加齢によりこの機能が低下すると、私たちは会話の最中に言いたい言葉がなかなか出てこないことがあります。語想起低下は固有名詞、特に人の名前を思い出そうとするときによく見られます。発声持続時間は一息で話し続けられる時間で、この時間は加齢により短縮し、ボソボソと短く話すか、最後の方は聞き取りにくくなります。

④認知機能の変化

認知機能とは五感を通じて外界や内部の情報を受け取り、状況や自分が置かれている状況を認識することです。その他、言語を用いたり、計算や記憶、物事を深く考えたりするような知的機能も認知機能です。

認知機能は加齢により変化を受け、機能低下を引き起こしますが、個人差が大きいのが特徴です。これは内在的な要因（疾患や生理機能の変化など）だけでなく、環境や人間関係、教養や職業などの社会的要因も大きく作用するためです。

加齢により認知機能は低下するため、人の名前がなかなか出てこなかったり、とっさの判断ができず、立ちすくむこともあります。

認知機能の変化により精神症状に大きな変化を来します。高齢者に見られやすい精神症状としては、不安・焦燥感、抑うつ症状、幻覚妄想症状、せん妄、認知症状があります。

6. 高齢者の心理状態

高齢者特有の心理を把握しよう

喪失体験にどう適応するか

　老化とは喪失の体験であるともいえます。高齢者は老化に伴い心身の機能低下や日常生活動作（ADL）の低下、退職による経済的・社会的立場の喪失、配偶者や知人との死別、子の独立などさまざまな喪失体験を経ることにより、自己概念が揺らぎます。その人がそれまでに築き上げてきた自己概念が喪失体験等さまざまな変化により維持することが困難となり、自己概念の修正が求められるのです。

　つまり高齢期にはそれらの喪失体験にどのように適応していくかが、高齢期をうまく乗り越えていくためには大事なことになります。その変化にうまく適応して、新たな自己概念をつくりあげることができるか、その変化に適応しきれずに、古い自己概念をいつまでも手放すことができないかが、その後の精神状態に大きな影響を与えるのです。これらの変化を受け入れ新たな自己概念を築くことができれば、「老いの受容」ができたとみなすことができます。

老化を受容する方法

　老いの受容のメカニズムを説明するモデルとして、「補償を伴う選択的最適化」（Baltes & Baltes, 1990）があります。これは老化に伴い衰えた機能に対して関与を停止したり、より優勢な機能やスキルを用いて代用すること（補償）により、全体としての機能は維持されるため、老化による変化を受容しやすくなるということを説明しています。

　例えば、手術の上手な外科医がいたとして、年を重ねるごとに集中力の持続力が低下したり、体力の低下により長時間の手術ができなくなったとします。そのときに、全盛期の頃と比較して現状を憂い、これ以上手術をしないという決断をする外科医もいれば、いろいろな工夫をして手術し続けることを選択する外科医もいます。

　この場合、例えば長時間の手術に耐える集中力と体力はないことを自覚した上で、短い時間で行える手術を選んで行うことを「選択化」といいます。また、長時間の手術を行うときに、集中力や体力を上手に配分するために、複数の外科医と協力して手術を行うことによって、一人で行ってきたときと同程度、もしくはそれ以上の結果を出すことを「補償」といいます。

　これらの選択化や補償をすることによって、老化による身体機能と精神機能の低下を受容し、新たな価値観を創造することができます。

　老年期を穏やかに過ごすためには、老いの受容が必要です。老いの受容ができずにいる人は、自己信頼感が低く、多かれ少なかれ、自己否定を感じながら生活しています。介護者は要介護者が自分自身を受容できるように尊敬と配慮を持ってかかわる必要があります。

①高齢者の性格変化

　一般的に高齢者になると内向的になりやすい、頑固になるなどといわれますが、すべての人が内向的になるわけでも頑固になるわけでもなく、高齢者の共通の性格とは言えません。高齢者の性格変化は単に加齢に伴う変化だけで規定されるものではなく、さまざまな要因が関与していると考えられます。性格を確立する要素としては遺伝的要因、環境的要因が大きく作用します。

　例えば70歳の高齢者がいたとして、その人が10歳のときの性格、20歳のときの性格、40歳のときの性格、そして今の性格との間には何らかの共通点を見つけることは、それほど難しくはないと思いますが、通常10歳のときに持っていた子どもらしさは、70歳のときには見られません。逆に70歳のときに持っている思慮深さは、10歳のときには見られません。つまり性格は生涯を通じて見られる基本性格と、それぞれの年代に適応する性格が絡み合い、その人の性格をつくりあげているのです。

　加齢による心身の変化は児童期から青年期へ発達する過程よりも個人差が大きく、これは性格に与える影響にも大きく作用します。そのため、その特徴的な部分のみをとらえて、高齢者は頑固であるとか、短気であるという偏見が生じているのだと思われます。

②高齢者の性格分類

　高齢者になると老化や疾患による変化、喪失体験や環境の変化により大きなストレスを自覚します。高齢者はそのストレスに対応しようとして高齢期の性格が形成されます。

　ライチャード（アメリカの心理学者）は退職後の男性高齢者を調査して、高齢期に見られる性格を分類しました。❶から❸までのタイプが適応型でストレスへの適応ができている状態とし、❹、❺についてはストレスに適応できずに、問題を生じやすいタイプであるとして、非適応型としています。

❶円熟型（受容、自発的）

　老いを現実的に受け止め、受容しているタイプです。現在の自分や自分の過去を受け入れ、未来志向であることが特徴です。日常生活でも建設的です。引退後も積極的に社会参加をし、いろいろな趣味を持って生活します。対人関係でも満足感が強く、良い関係をつくろうと努力もしています。

> **コミュニケーションをとる際のポイント**
>
> 　このタイプは能動的に人とかかわろうとしますので、指示伝達的なコミュニケーションに抵抗を感じることがあります。相手の抵抗を引き出さないようにするためには、情報共有型のコミュニケーションを意識して行うようにします。対等の関係性を維持し、相手を尊重し、受容する態度が必要となります。

❷安楽椅子型（受容、依存的）

　老いを理由に他者への依存を強めるタイプです。責任から解放され受け身でいたいという欲求がありますので、退職したり、育児が終了し、責任が少なくなる老年期を基本的に

は受け入れています。ある意味心配事がなく、人生にうまく適応しているといえます。

> **コミュニケーションをとる際のポイント**
>
> 　このタイプは受動的に他者とかかわろうとするため、容易に指示伝達型のコミュニケーションを受け入れます。そのため身体機能の低下に伴い、介護者との依存関係が形成されやすくなるので注意が必要です。相手を受容し、支援しながらも、相手の自発性を引き出すようなかかわりが必要となります。しかし、本人の中では適応が取れている状態ですから、あまり過大に相手の能動性を引き出そうとするかかわりは、逆に相手の抵抗を引き出しますので、実際の生活に支障を生じていない場合は、あまり気にする必要はありません。

❸**自己防衛型（否認、自発的）**

　老化の不安に対する防衛は非常に強いのですが、防衛がうまく働いているため、一応適応はしているタイプです。老化による機能低下に抵抗して、いつまでも若々しくありたいと努力します。

　老いそのものを受容できてはいませんが、努力により老化に適応しようとしているという面で適応型となります。この型の人は老人になって受け身になったり、無力になったりすることに直面できないので、体の衰えを認めず活動的であることによって衰えを隠そうとします。このため、事実に直面せざるを得ない状況に陥った場合、受容できなければ、以下に述べる外罰型か内罰型のいずれかの反応を示すことになります。

> **コミュニケーションをとる際のポイント**
>
> 　このタイプには、現実を受容することができるように支援する必要がありますが、いきなり隠していることを表に出すような対応は避け、ゆっくり時間を掛けて支援することが大事です。基本的に不安がありますから、相手との信頼関係をしっかりと築くことがコミュニケーションの第一歩となります。

❹**外罰型**

　老いを受け入れることができずに、原因を他人のせいにしがちなタイプです。人生の目標を達成できなかったことをいつまでも悔やみ、その原因を他人のせいにして、他人を批判してしまいます。

> **コミュニケーションをとる際のポイント**
>
> 　このタイプは他者を罰する形での防衛的な応答が得られやすいため、相手の防衛を引き出さないような言葉掛けや態度をとることが大事です。介護を通じて、相手から非難されたり責められたり、攻撃を受けることが多いため、介護者自身がかかわることにストレスを感じやすく、コミュニケーションをとることが5つのタイプの中では、最も困難なタイプです。介護者自身の考えを整理し、相手の考え方の癖を理解することが支援の手助けになります。

❺内罰（自罰）型

自分の過去を失望と失敗としてしか見ることができないタイプです。原因を自分のせいにしがちで、自分には価値がないという感情を強く持っています。老年期が近づくと抑うつ的になりやすいタイプです。

> **コミュニケーションをとる際のポイント**
>
> このタイプは抑うつ的な応答や、自責的な発言が得られやすいため、やはり防衛を引き出さないかかわりが基本となります。そして、今までしてきたことや、今できていることに注意を払い、その価値を十分に伝え、自己肯定感を高める工夫が必要となります。介護者への依存関係を強く求めることがありますので、依存関係に陥っていないかを常に注意する必要があります。

これらの変化は高齢者自身のそれまでの価値観や信念、思考の柔軟性に大きく影響を受けるため、介護者が関与できることはあまりありません。介護者は要介護者が上記のどのタイプであれ、真摯に向かい合い、要介護者自身が自尊心を高めることができるようなかかわりを心掛ける必要があります。

7. 高齢者の生きがい

高齢者だからこそ生きがいは必要

生きがいがあると人生が能動的に

生きがいとは、人を自分の人生を歩ませる動機付けと考えられます。厚生労働省の「高齢期における社会保障に関する意識等調査報告書」（平成18年）によると、老後の生活の中で生きがいを感じることとしては「教養・趣味を高めること」の割合が最も多く44.4％、次いで「家族との団らん」が41.8％、「子どもや孫の成長」が41.7％となっています（いずれも複数回答）。性別でみると、男性は「教養・趣味を高めること」の割合が44.5％となっており、女性は「子どもや孫の成長」の割合が45.3％となっています。また「働くこと」「スポーツをすること」の割合は、男性の方が高く、「子どもや孫の成長」「家族との団らん」「友人や地域の人との交流」の割合は女性の方が高くなっています。

生きがいはどの世代でも必要ですが、高齢者では特に重要です。疾患により身体の自由を失い、介護が必要になったときの喪失感や絶望感は、高齢者の生きがいを奪い去り、人生に対する積極性を失わせることがあります。そして、その状態から抜け出すために生きがいは必要となるのです。生きがいを持つことにより、人は肯定的に、能動的に自分の人生を歩むことができるようになります。そのため、どのような状況にあっても、生きがいを見失わず、自分の人生の価値を創造できるようにしなくてはなりません。

自己肯定感を取り戻すことが第一歩

　要介護者が生きがいを見つけることを支援するために介護者ができることの一つは、まずは精神状態を穏やかにし、日々の生活を肯定的に送ることができるようにすることです。要介護者は喪失体験により精神状態が不安定になり、不安や怒り、絶望の感情を持っています。そのため、今まで大事にしてきたことや嬉しかったことを見つめる余裕がなくなってしまうのです。生きがいや希望、喜びがなくなったのではなく、それらを見つめること、感じることができなくなった状態ともいえます。

　介護者は要介護者が再びそれらを感じ取れるように、要介護者との信頼関係を強固なものとし、自己肯定感を少しずつ取り戻すことができるように支援する必要があります。ある程度自分自身について、冷静に観察することができるようになったら、自分の人生を見つめ直してもらいます。そして自分が大切にしてきたもの、成し遂げたもの、熱中したものなどを振り返ることで、いかに自分の人生が有意義で素晴らしいものであったかを認識してもらいます。そして、その結果、自分の人生に対する満足感や充実感、自己への尊厳、生きがいを見つけることができるようになります。

　特に生きがいはその人が自分の人生において、最も大事にしていることと関係が深いと考えられています。そのため、その人が人生において何を大事にしているかを知ることは、生きがいを見つめることに大きく役立ちます。

　最近、緩和医療の世界で、ディグニティ・セラピーという精神療法が注目を浴びています。ディグニティ・セラピーとは、終末期患者の苦痛を軽減することを目的として、ハーヴェイ・マックス・チョチノフ（精神科医）が提唱した「構造化された精神療法」であり、尊厳の強化に焦点を当てたものです。ポイントは「あなたの大切なものを大切な人に伝える」という考えの下、「あなたの人生で一番大切な思い出は何か」「あなたのことで大事な人に知っていてほしいことは何か」「あなたがあなたの人生において果たしてきた役割は何か」「あなたが人生の中で成し遂げたものは何か」「愛する人に伝えたいことは何か」「あなたが人生から学んだことは何か」などについて質問をし、自分自身を見つめ直す作業をすることです。**自分の人生を見つめ直すことで、満足感や自己への尊厳、生きがいの発見を促すことにつながる**とされています。

8. 発達心理から見た高齢者

発達心理学を基に、高齢者の心理を把握

老年期も発達心理学の研究領域に

　発達心理学とは、人の加齢に伴う発達的変化を研究する心理学の一分野です。かつては、子どもが大人になるまでの過程が発達であると考えられていましたが、現在では老年期までも含め、人は生涯を通して変化・成長を続けるものととらえられるようになったため、発達心理学の研究対象も、加齢による人の一生涯の変化過程となりました。

①マズローの発達欲求

　アブラハム・マズロー（アメリカ合衆国の心理学者　1908-1970）は、人間の基本的欲求を下位の欲求から順に、「生理的欲求」「安全の欲求」「所属と愛の欲求」「承認の欲求」「自己実現の欲求」と5段階に分類しました。そして人間はまず最下位の基本的欲求を満たすように行動します。そしてその欲求が満たされると、上位の欲求へ焦点は移り、それが満たされれば、さらに高次の欲求へ移動していくというものです。

　生理的欲求は、食事、睡眠など、人が生きていく上で欠かせない基本的な欲求を指しています。人は生きていくということを最重要課題として、何よりも優先してこれらの欲求に応えようとします。

　安全の欲求は、生理的欲求が満たされた状態で生じる欲求であり、安らげる場所の確保や、居住環境の快適化、暴力や危険なことを回避し、安全を求める欲求です。

　所属と愛の欲求は、他者とのつながりを求める欲求です。帰属欲求ともいわれ、孤独の状態で生きるよりも、家族を求めたり、組織の一員となり他者と交流を持つことを求めます。

　承認の欲求は、他者から自分の存在や能力、結果などを認めてもらいたいという欲求であり、自己肯定感や自尊心に関係する欲求です。

　自己実現の欲求は、自分の能力を十分発揮し、自己の成長を願う欲求です。生きる意味や自分の存在理由を探索し、自分の理想像に近づこうとする欲求です。

　要介護者はこれらの欲求が下位の段階でしか満たされていません。まずは家事や身体介護、時には看護や医療を受けながら、生理的欲求や安全の欲求に応えています。しかし、マズロー

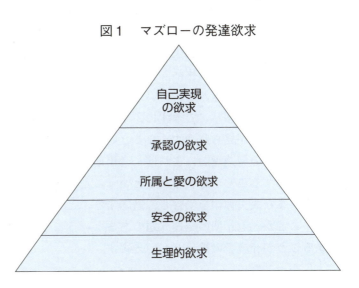

図1　マズローの発達欲求

の発達欲求によると、私たちにはまだ上位の欲求があり、その人が、その人らしく生きていくためには、上位の欲求の課題を解決できるよう支援することが望まれます。

介護者が要介護者にまずしなくてはいけないことは、生命や居住環境の安全確保です。そして多くの介護者はこれらを実践しています。しかし、この段階にとどまっていることが多いのも事実です。今後私たちは、次の欲求である、所属と愛の欲求を満たすことができるような支援を目指さなくてはなりません。介護者と要介護者が信頼関係で結ばれ、家族の一員として、要介護者自身が安心し、積極的に振る舞うことができるようなかかわりが求められます。そして所属と愛の欲求が満たされれば、要介護者はより高次の欲求である、承認の欲求の解決に挑戦することができるようになるのです。

一つ一つの課題に挑戦し、克服すると最終的に要介護者は自分のさらなる可能性に挑むことができるようになります。そして、それを支援することが介護の究極の目的となります。

②エリクソンの発達理論（心理社会的発達論）

精神分析家であるE.H.エリクソン（アメリカの心理学者　1902-1994）は、人間の一生を、8つの発達段階に分け、各段階には固有の課題があるとしました。そして、それぞれの発達段階ごとに解決しなくてはならない課題が設定され、それらの課題が解決されると、人生を歩む活力が与えられるとしました。この発達課題は、解決の成功と失敗の両極端によって記述されていますが、成功か失敗かというよりもうまくバランスをとることが望ましいとされています。

例えば、乳児期の発達課題として「基本的信頼」と「基本的不信」が挙げられています。乳児は自分の欲求が満たされることで、世界に対する基本的信頼を得ることができます。一方で、欲求が満たされないことで基本的不信を得ることになります。この両者の経験の結果、基本的信頼が基本的不信を上回れば、それ以降の人生に対する「希望」が活力として与えられることになり、次の発達段階の課題に取り組むことになります。乳児期の課題は乳児期だけで解決されるわけではなく、それ以降の各段階で再燃し、解決のために再度取り組むことがあるとされています。

成熟期（老年期）の発達課題としては「統合性」と「絶望」が挙げられています。老年期は喪失の時期ともいわれ、心身の健康、経済的基盤、社会的役割、生きがい、友人や配偶者との別れなどさまざまな喪失を体験することになります。これらの喪失を受容し、新たな自分の価値観に組み入れて生活すること、すなわち「統合」することができるか、もしくはそれらの変化を受容しきれず、古いままの価値観で、現状に「絶望」するかが分かれ道になります。この課題をクリアできずに、すなわち「絶望」した場合、精神的変化を生じやすく、抑うつ的な言動が見られやすくなるといわれています。

エリクソンの発達理論によれば、老年期を充実したものにするためには、老いを自覚し、喪失を受容することが必要であるということが理解できます。つまり、心身状態の機能変化やさまざまな喪失体験を受容し、適応することで、自己のアイデンティティーの再構築をしていくことが、老年期の発達課題であるということであり、要介護者が受容できるように支援することが介護者の役目ともいえます。

表2　エリクソンによる分類

発達レベル	発達課題	獲得する活力
第1期（乳児期）	基本的信頼　―　基本的不信	希望
第2期（幼児前期）	自立性　―　恥・疑惑	意志
第3期（幼児後期）	積極性　―　罪悪感	目的
第4期（児童期）	勤勉性　―　劣等感	適格
第5期（青年期）	同一性　―　同一性拡散	忠誠
第6期（成人初期）	親密性　―　孤立	愛
第7期（成人期）	生殖性　―　自己停滞	世話
第8期（成熟期）	統合性　―　絶望	英知

③ハヴィガーストの発達課題

　ハヴィガースト（アメリカ合衆国の教育学者　1900-1991）はマズロー、エリクソンと同年代に活躍したアメリカ合衆国の教育学者です。ハヴィガーストの発達課題も、マズローやエリクソンと同様にそれぞれの年代で解決すべき課題があり、それらの解決がその人の発達に必要であると述べています。

　ハヴィガーストは乳幼児期、児童期、青年期、壮年期、中年期、老年期、それぞれに達成しなくてはならない発達課題を定義しています。老年期の要介護者にかかわるものは、要介護者自身が老年期の発達課題を解決することができるようなかかわりをすることが求められます。

老年期の発達課題
1. 肉体的な変化と、健康の衰退に適応
2. 引退と収入の減少に適応
3. 配偶者の死に適応
4. 自分と同年代の人との、親密な関係を持つ
5. 社会的・市民的義務を引き受ける
6. 肉体的な生活を、満足に送れるように準備すること

　マズローやエリクソン、ハヴィガーストは、人は生まれてから死ぬまで生涯に渡って発達すると考えます。そしてその発達は、常に、個体を取り巻く環境との相互作用の中で起こるものとして考えています。

　人は人とのかかわりの中で心理面・社会的側面の発達を歩んでいくのです。高齢者にかかわる者は、高齢者の特性を理解し、発達課題の解決や高齢者の自己受容、生きがいの発見を支援するようなかかわりをすることが望ましいのです。介護者のこのような態度は、たとえ生きがいの発見や問題解決に至らなかったとしても、要介護者との信頼関係の構築にとっては大きな影響を与えることになります。

第6章

要介護者とのコミュニケーション

1. 老化や疾患によるコミュニケーションプロセスの障害
2. コミュニケーションに影響を与える機能障害
3. 介護の現場における人間関係の特殊性
4. 介護者の態度
5. 介護者の心理状態
6. 要介護者との依存関係を断ち切る
7. 要介護者の心理状態

この章でお伝えすること

テーマ① 老化などが原因で、コミュニケーションプロセスが障害

「要介護者とコミュニケーションがうまくとれない理由について教えてください」

「コミュニケーションが成立するには、いくつかのプロセスがあります。老化に伴い各プロセスに障害が出る場合があり、これが原因でコミュニケーションがうまくとれないのです。このような要介護者とコミュニケーションをとる場合、注意と工夫が必要です」

テーマ② どんな障害がコミュニケーション能力に影響を与えるか

「どのような障害が原因になるのですか？」

「視覚、聴覚の感覚機能の障害、言語機能の障害、認知機能の障害などが、コミュニケーション能力に影響を与えます。それぞれの障害に応じた対処法、注意ポイントがあり、それに応じて介護を行う必要があります」

テーマ③ 介護者の態度は共感・支持的態度を

「介護者と要介護者の適切な関係はどのようなものですか？」

「要介護者との関係は、時と場合により、さまざまに変わります。適切なコミュニケーションをとり、良い関係性を維持するためにも、要介護者の考えや行動を認めて支持する『支持的態度』、要介護者の立場に立って理解しようとする『共感的態度』が必要になります」

テーマ④ 介護者にもさまざまな思考や行動の癖がある

「私自身が気を付けるべきこともありますか？」

「自分で意識せずとも、介護者にもさまざまな心理的な癖があります。それを踏まえた上で、要介護者の心理状態も意識しつつ、真の信頼関係を構築して介護に励むことが重要です」

1. 老化や疾患によるコミュニケーションプロセスの障害

障害を受けた要介護者には、より注意が必要

疾病の理解と意思疎通を向上させるスキルの習得

　第4章で、話し手から聴き手へ情報が伝えられるためには、認識、言語化、伝達、送信、受信、解読化のプロセスが必要であると述べました。疾患により、このプロセスは容易に障害を受けやすく、そうすると私たちは感じたり、見たり、聴いたりすることはできても、情報の伝達としてそれが何であるかを理解できないことになりますので、要介護者とのコミュニケーションは注意が必要となります。

　また、上記のプロセス障害だけでなく、要介護者の身体状況、精神状態、生活環境なども要介護者とのコミュニケーションに大きな影響を与えることになります。

　そのため、要介護者とコミュニケーションをとる場合は、疾患や病態の理解を十分に深めるとともに、コミュニケーションプロセスの障害を予想した上で、お互いに意思疎通を向上させるさまざまな工夫が必要となります。もちろん、要介護者と介護者の適切な人間関係の維持も必要です。

2. コミュニケーションに影響を与える機能障害

障害の箇所で変わる対応法

感覚機能の障害

　感覚器とは私たちの体を構成する器官のうち、感覚情報を受け取る受容器のことです。感覚器は末梢神経の一部であり、受け取った情報は感覚神経を介して脳などへの中枢神経系へ伝えられます。代表的な感覚器としては目、耳、鼻、舌、皮膚などがあります。

　加齢とともに感覚器の機能低下が引き起こされますが、その中でも視覚、聴覚の機能低下が顕著となり、コミュニケーションが阻害されます。このため、他者との接触を拒んだり、社会参加に消極的になるなどの行動変化が見られます。

①視覚障害（P74参照）

　私たちは情報の8割は視覚から得ているといわれるほど、多くの情報を視覚から得ています。このように、視覚は人間が活動する上で重要な役割を果たすことになりますので、視覚機能の低下は、日常生活動作の低下を招き、その結果、日常生活上の自信や積極性が失われたり、精神状態やコミュニケーションに大きな影響を与えることになります。

視覚障害をどう発見するか

　健康な高齢者では、視覚機能の低下は自覚でき、そのことを訴えることができますが、

要介護者ではときに不可能なことがあり、介護者が何らかの変化を敏感に察知しなくてはなりません。例えば、好きなテレビを見なくなったり、お茶をこぼしたり、つまずいたりなどの行動変化に表れることがあります。

視覚障害を有する要介護者とのコミュニケーション
　視覚障害は要介護者の行動を著しく制限させ、精神的負担を大きくします。そのことにより精神状態にも大きな影響を与え、意欲低下や閉じこもり、うつ症状を呈することがあります。しかし、精神状態の変化は誰しもが同じではなく、以前とそれほど変化のない人もいれば、頑固になったり、やたらと攻撃性が増す人もいるなど、人により精神症状はさまざまです。しかし、視覚障害を来した要介護者の中には、精神状態が変化するケースが多く、このような要介護者とのコミュニケーションでは、その精神的苦悩に寄り添い、受け止め、そして一緒に何ができるかを考えていくことが必要です。
　その他、視覚障害を有している要介護者は情報を耳から受け取る割合が増えることになります。声掛けを積極的に行い、いきなり身体に触れることは避けましょう。介護する場合は何をするか事前に説明してから行うなどの配慮が必要となりますし、普段の会話から要介護者が具体的にイメージできるような説明を心掛ける必要もあります。
　視覚障害を持つ要介護者とのコミュニケーションでは言語とボディタッチがメッセージを伝える手段となりますので、できるだけ頻繁に、要介護者の苦痛や負担を感じさせない程度に使用することが大事です。介護者は要介護者の目となって情報を伝え、要介護者が安心して生活できるように支援することが必要となります。

②聴覚障害（P75参照）
　外耳から入った音の振動は、外耳道、鼓膜を経て、耳小骨に伝わり、さらに内耳にある蝸牛が刺激されると、聴覚をつかさどる有毛細胞に電気信号が生じ、聴神経から大脳へと運ばれ、そこで初めて音として認識されます。伝音性難聴は治療により改善することが期待できますが、感音性難聴は突発性難聴のように急激に起こったものであれば治療により改善することもあるものの、徐々に症状が進行していく場合の治療は非常に困難です。そのため補聴器の使用が一般的な対処となります。
　老人性難聴では小さい音が聞こえにくくなったり、逆に大きな音がかえってうるさく感じたりすることがあります。また高い周波数の音が聞こえにくくなったり、聞こえはしても、雑音との区別がつかない、言葉そのものが聞き取れない、大人数での会話が聞き取れないなどの症状が見られます。

聴覚障害を有する要介護者とのコミュニケーション
　難聴があると相手の話を何度も聞き返したりすることがあるため、徐々に他者との会話がおっくうになり、コミュニケーションを避ける傾向が見られます。また質問に的確に反応できなかったり、反応するまでに時間を要したりするため初期の認知症に間違われたりすることもあります。
　聴覚障害の要介護者と会話するときは、大きな声で、明瞭に発音することが必要です。

要介護者は口を見て、何と話しているかを確認しますので、口の動きも明確になるように気をつけてください。要介護者が意味を理解するのに十分な時間的余裕を与え、ゆったりとした雰囲気の中で、会話をするような工夫も必要となります。文字盤やジェスチャー、筆談なども利用することがありますが、基本的には要介護者が安心して会話に専念できる雰囲気、介護者との信頼関係を結ぶことが重要です。

口を大きく開けて話す

③言語障害

言語障害とは言葉を話したり、言葉を聞いて理解することが障害された状態です。言語障害には原因によりいくつかに分類されますが、代表的なものは言語中枢が障害を受け発症する失語症や、言葉を話すための器官の障害による構音障害があります。

❶言語機能の障害（失語症）

失語症とは脳血管障害や脳外傷など、脳の障害で言語中枢が障害されることにより発症します。言語中枢はブローカ中枢、ウェルニッケ中枢があり、障害される中枢により言語障害の症状が異なります。

ブローカ中枢が障害を受けると、「話す」「書く」機能に障害を受けます。これを運動性失語といいます。ウェルニッケ中枢が障害を受けると、「聞く」「読む」機能が障害され、これを感覚性失語といいます。これらはそれぞれが単独で生じることもありますが、両方同時に障害を受けた全失語という状態も見られることがあります。

失語症を有する要介護者とのコミュニケーション

失語症では「聞く」「読む」「話す」「書く」機能が障害される状態ですが、どの機能が障害を受けているかを理解することが、失語症の要介護者とのコミュニケーションでは重要で、衰えた機能を補うコミュニケーションをする必要があります。

基本的な態度としては、普段よりゆっくりと、はっきりと、分かりやすく端的に話すことが必要です。そして相手の反応を観察しながら、何度か繰り返したり、別の伝え方を試したりしながら理解してもらえるように工夫してください。言葉で伝わりにくいときは写真や絵や、時には身ぶりなどで伝わることがあります。また、文字そのものに意味のないひらがなよりも、漢字を用いることで理解を促すことができます。

相手の言いたい言葉がなかなか出てこず、時間が掛かる場合は、相手の意図を察し、こちらから確認することも必要となります。

また、失語症の人は言い間違いや新造語（自分で作り出した意味不明な言葉や文章）、自動的発話（本人も意識しないで無意識のうちに発せられる言葉や文章）などが見られることがありますが、言い間違いを指摘したり、訂正する必要はなく、相手の伝えたいことを感じ取ることに重点を置き対応してください。

❷音声機能の障害（構音障害）

　構音障害は、音声や構音（発音）、話し方の障害のことです。原因としては、発音をつかさどる器官の形態異常か運動機能障害を認める場合、もしくは、聴覚障害により二次的に発音障害が引き起こされた場合などが考えられますが、高齢者に見られる構音障害は、器官の形態異常か、機能障害かのいずれかです。

　発語にかかわる組織や器官としては、肺、気管、声帯、咽頭、軟口蓋、舌、歯、顎、唇、鼻腔、食道などがあります。これらの組織や器官の形態異常、もしくはこれらに分布している筋肉や神経の障害により構音障害が引き起こされます。

　構音障害では口がもつれたりしてうまく発音ができなかったり、アクセントやリズムに異常を来すことが多いため、要介護者自身が会話を敬遠しがちになったりします。

構音障害を有する要介護者とのコミュニケーション

　構音障害は自分で思っていることをうまく相手に伝えられなかったり、相手の言葉を理解できない状態です。人に伝えたいことがあるのに、それをうまく伝えられないもどかしさやイライラ、時に絶望感を感じるであろう心理状態に配慮したコミュニケーションをする工夫が必要となります。

　このような場合、介護者は要介護者の非言語的メッセージにいつも以上の注意を払い、表情や身ぶり、行動からいま要介護者に何が起こっているのかを想像することが大事になります。そして介護者も言語的メッセージのみでなく非言語的メッセージを用いて、要介護者にメッセージを受け取る努力をしていることを伝え、要介護者の不安感を小さくさせる働き掛けが必要です。

　基本的な伝え方は、ゆっくり、はっきり、明確に伝えることです。相手の話が聞き取りにくくても、曖昧なまま話を進めることはせず、しっかりと内容を確認することが重要です。その他、筆談や文字盤、携帯用のコンピュータを利用した電子機器などがあり、それらを利用してコミュニケーションをとることもあります。

④記憶障害

　記憶とは経験や学習を通して覚えたことを保存し、必要に応じて思い出す機能のことです。記憶の中でも、ものを覚える過程のことを「記銘」、覚えたものを保存する過程を「保持」、思い出す過程を「想起」といいます。

　記憶はその保持時間により短期記憶と長期記憶に分けられます。短期記憶は即時記憶ともいわれ、数秒程度の出来事を一時的に保存することしかできませんので、繰り返し想起するなど、記憶の定着を図らなければすぐ忘れてしまいます。一方、長期記憶はさらに数分から数日の近時記憶と、年単位の遠隔記憶に分けられます。

　記憶はさらにその内容によって、宣言的記憶と手続き記憶に分けられます。宣言的記憶とは、言語的な情報として記憶されることです。宣言的記憶はさらに、自分自身の体験を通じて記憶したエピソード記憶と、学習により記憶した意味記憶に分けられます。手続き記憶とは、言語的情報ではなく、無意識的な行動や反応が記憶されることで、いわゆる体が覚えている記憶といえます。

これらのいずれかに障害を受けている状態を記憶障害といいます。記憶障害のみで日常生活に支障を来しているものを「健忘症候群」といい、記憶障害を中心とし、そのほかいくつかの認知機能に障害を受けたものを「認知症」と呼びます。

> **記憶の種類**
> ①保持時間での分類
> 　・短期記憶（数秒程度）
> 　・長期記憶 ─┬→・近時記憶（数分から数日）
> 　　　　　　　└→・遠隔記憶（年単位）
> ②内容による分類
> 　・宣言的記憶（言語的な情報として記憶）─┬→・エピソード記憶
> 　　　　　　　　　　　　　　　　　　　　　（自分自身の体験を通した記憶）
> 　　　　　　　　　　　　　　　　　　　　└→・意味記憶（学習による記憶）
> 　・手続き記憶（無意識的な行動や反応として記憶）

❶認知障害

　認知障害とは認知機能が障害を受けた状態のことで、視覚、聴覚、触覚などの感覚障害がないにもかかわらず、それが何か理解できなくなることです。認知障害を失認ともいいますが、失認には視覚失認、視空間失認、聴覚失認、触覚失認、身体失認などがあります。

表1　失認の主な種類と特徴

視覚失認	見たものが何か判断できなくなるもの
視空間失認	窓とか机など一つ一つは理解できるが、空間全体を理解することができない
聴覚失認	聞こえたものが何か判断できない
触覚失認	触れたりつかんだりしているものが何か判断できない
身体失認	体の一部（すべて）を無視して、ないものとして振る舞う

認知障害を有する要介護者とのコミュニケーション

　どの機能が障害を受け、どの機能は残存しているかを知ることは、認知障害を有する要介護者とのコミュニケーションにおいて役立ちます。例えば視覚失認はあるが、聴覚失認はない要介護者であれば、部屋に入るときは必ず自分の名前を言って、要介護者に認識してもらってから介護をするなどの工夫をすることができますし、文字の認識ができる人であれば、トイレのドアに「トイレ」と書いた紙を張り、トイレの場所を教えることができます。失った機能の改善を求めるよりも、残っている機能を十分に利用してコミュニケーションをとる必要があります。

　認知障害を有している要介護者の会話では、しばしば不適切な表現や、言葉の誤用が見られますが、言葉尻をとらえて、何度も繰り返し質問したり、訂正したりしていると要介

護者の機嫌が悪くなり、会話が終了してしまうことがあります。それらを避けるためには、枝葉末節にとらわれず、話の全体から内容を想像し、伝えたいことを受け取るなどの工夫が必要となります。また、自己中心的な言動や不適切な行動が見られることもありますが、その人自身や周囲に対し危険でない限り、すぐに制止したり注意したりすることは、要介護者の抵抗や拒絶を招くことがあるため、一定の理解を示した上で、徐々に言動を修正していくなどの工夫が必要となります。

　このような状況の中で、お互いの信頼関係を築き上げるためには、要介護者の自尊心を傷つけることなく、相手に配慮しながら、納得できるように工夫してコミュニケーションをとることが必要です。そのためには、言語的メッセージばかりに頼らずに、非言語的メッセージに十分配慮すること、要介護者が本当に伝えたいことを感じ取ること、要介護者と介護者間の雰囲気に敏感になることが必要です。緊張し、張り詰めた雰囲気は避け、安心できる雰囲気をかもし出すことが大切です。

　信頼関係のないテクニックのみのコミュニケーションでは、要介護者の本当の気持ちは理解できませんし、時に介護者を傷つけてしまうこともあります。信頼関係という土台の上に、さまざまなスキルがあるということを忘れないでコミュニケーションをする必要があります。

3. 介護の現場における人間関係の特殊性

さまざまな人間関係が成立する介護現場

6つに分類できる要介護者と介護者の関係

　要介護者と介護者の関係は、通常の人間関係と比べていくつかの特徴があります。要介護者とのコミュニケーションはこれらの特殊性を意識して行われなくてはなりません。

> 1．介護の専門家（介護者）と非専門家（要介護者）
> 2．介護をする者（介護者）と受ける者（要介護者）
> 3．サービスの提供者（介護者）と消費者（要介護者）
> 4．若年者（介護者）と年配者（要介護者）
> 5．子ども、嫁、孫（介護者）と親、祖父母（要介護者）
> 6．お互いに人格を有する個人同士

　1から6までの関係がすべて含まれているケースは少ないと思いますが、介護の現場ではこのような複数の関係が成り立つことがあります。要介護者と介護者の間で、どの関係性が重視されるかで、強者から弱者へと立場が入れ替わるといったこともあります。

　例えば、ホームヘルパーと要介護者の場合、上記では1、2、3、4、6の関係が成り立ちます。ヘルパーが1、2の関係を重視していたとすれば、要介護者との関係は、ヘルパー側が強者となり、要介護者が弱者の立場になるかもしれません。しかし、3の関係を強く意

識すれば、要介護者は介護者にとって顧客という関係が構築されるかもしれません。

　また、これらの関係はそれぞれの思いだけでなく、環境にも左右されます。例えば、普段は１の関係で我慢していた要介護者も、介護者が大きな失敗をしたことを機に３の立場を主張することもあります。このように要介護者と介護者の関係は変化しやすく、注意が必要となりますが、望ましい関係は６の対等な人間同士の関係を基本とし、４の年配者を敬う態度で、１の介護の専門家としての責任感を持って介護を行うことだと思います。それでは、各関係を表す会話例を見てみましょう。

１、２の関係の会話
介護者　「今日は入浴の予定がありますので、さっぱりしましょうね」
要介護者「今日は遅かったね、お風呂に入ることだけが楽しみなんだよ。時間どおりお願いね」
介護者　「他の利用者さんのところにも行かなくてはならないので、多少時間が遅れることがありますので、そこは我慢してください」
要介護者「分かりました」

３の関係の会話
介護者　「今日は入浴の予定がありますので、さっぱりしましょうね」
要介護者「今日は遅かったね、お風呂に入ることだけが楽しみなんだよ。時間どおりお願いね」
介護者　「本当に申し訳ありませんでした。次回からは気をつけます」
要介護者「分かってもらえれば、それでいいから」

途中で関係が入れ替わる会話
介護者　「今日は入浴の予定がありますので、さっぱりしましょうね」
要介護者「今日は遅かったね、お風呂に入ることだけが楽しみなんだよ。時間どおりお願いね」
介護者　「他の利用者さんのところにも行かなくてはならないので、多少時間が遅れることがありますので、そこは我慢してください」
要介護者「分かりました。ところで今日は前回頼んでいた書類を持ってきてくれた？」
介護者　「すみません。忘れてしまいました」
要介護者「前回あれだけ念を押して頼んだよね。今日中に必要なんですよ。どうしてくれるの？」
介護者　「申し訳ございません、今すぐ他の者に持って来させますので」
要介護者「もう、しっかりしてよ」
介護者　「本当に申し訳ありません」

6の関係の会話

介護者　「今日は入浴の予定がありますので、さっぱりしましょうね」
要介護者「今日は遅かったね、お風呂に入ることだけが楽しみなんだよ。時間どおりお願いね」
介護者　「楽しみに待っているところ、お待たせして申し訳ありませんでした。次回から、できるだけ時間どおりに訪問しようとは思います。しかし、いろいろな事情で多少時間は前後することがあるかもしれませんので、その点だけはご了承ください」
要介護者「そうだね、分かりました。ところで今日は前回頼んでいた書類を持ってきてくれた？」
介護者　「すみません。手前どものミスで持参することを忘れてしまいました」
要介護者「え、困ったな今日中に必要なんだけど」
介護者　「他の者に伝え、今すぐに持って来させますから。ご安心ください」
要介護者「本当、大丈夫ですか？」
介護者　「大丈夫です。すぐに持って来させます。本当にご迷惑をお掛けして申し訳ありませんでした」
要介護者「分かりました」

4. 介護者の態度

指示的・共感的態度が望ましい

5つに分類できるカウンセラーの態度

　E. H. ポーターは長年の研究でカウンセラーの態度を次の5つに分類しました。介護職とカウンセラーという職種の違いはありますが、同じ人にかかわる職であり、自分の態度を振り返るには良い指標となります。

　介護の現場では、以下の5つの態度のうち、「支持的態度」か「共感的態度」をとることが望ましいと考えられます。普段、要介護者に対し、どのような態度で接することが多いかを振り返ったり、他者からの評価を聞くことは、コミュニケーション能力を高めるために必要です。

表2　E.H. ポーターによるカウンセラーの態度

①評価的態度（要介護者に対して善悪、良否の判断を下しやすい） 　要介護者：このごろ眠れないの。 　介　護　者：睡眠不足は体に悪いのよ、早く寝ないと駄目よ。
②解釈的態度（要介護者の症状や訴えに対して勝手な理由づけをする） 　要介護者：このごろ眠れないの。 　介　護　者：いろいろと考え過ぎるからよ。
③調査的態度（要介護者の感情を無視して私的なことまで詮索する） 　要介護者：このごろ眠れないの。 　介　護　者：何か心配事？　お嫁さんとうまくいってないの？
④支持的態度（要介護者の考えや行動を認めて支持する） 　要介護者：このごろ眠れないの。 　介　護　者：眠れないのはつらいのに、よく頑張っていますよね。
⑤共感的態度（要介護者の立場に立って理解しようとする） 　要介護者：このごろ眠れないの。 　介　護　者：そうですか、眠れないんですね。それはつらいですね。

5. 介護者の心理状態

__介護者は自分の心理の癖を知ること__

信頼関係を維持する秘けつ

　介護者は介護において自分でも意識しない癖がいくつかあります。これらの癖を意識しないでいると、知らず知らずのうちにお互いの信頼関係が低下し、適切なかかわりが阻害されることがあります。また、介護ストレスの原因となることもあり、注意が必要となります。

①相手から頼りにされたい

　問題をただちに解決して、「すごい」と言われたり、相手の期待に応えることによって、頼りがいのあるところを見せようとしがちです。自分が頼りにされることで、自己満足を得ていることが多く見られます。

②相手に自分の考えを押し付けてしまう

　自分の意見が正しく、相手の意見は間違っていると判断しがちで、相手の立場や感情に配慮することなく、自分の考えを押し通そうとします。問題が生じた場合などは具体的な解決策を提示しますが、もし素直に受け入れてくれないときは、自分の提案を擁護しながら、さらに押し付けてしまうことがあります。

③相手に不満や感情をぶつけてしまう

　相手を助けるというより、弱っている相手に「あなたのため」と言いながら、日頃の不満や感情をぶつけてしまいます。介護負担によるストレスがたまった場合などや、夫婦、親子、職場の上下関係などの問題で生じやすいとされています。

④相手に振り回される

　要介護者の訴えに対応しようと頑張るものの、対応しきれないため要求に振り回されてしまい、自分でコントロールできなくなってしまいます。

⑤相手に巻き込まれてしまう

　要介護者の苦しい状態を聴いているうちに、介護者自身も不安になってしまい、要介護者の問題で自分が苦しんでしまいます。

6. 要介護者との依存関係を断ち切る

弱者として振る舞う要介護者との正しい関係の在り方とは

受動的になりがちな要介護者

　要介護者は一般的に自分自身に対して無力感を感じる傾向があります。精神的無力感を感じると、要介護者は多くの面で受動的になります。そのような状態になると、一般的に人は弱者として振る舞うことが多くなります。別の視点で見ると、弱者でいる方が都合がよいとも考えられます。というのも、弱者の立場に身を置くことで、介護を受けなくては生活できないという現実を受容しやすくなるからです。

　とはいえ、いずれにしろ要介護者は、介護者に依存関係を要求することがあります。この場合、介護者は注意が必要です。依存関係は要介護者からの一方的な働き掛けで成立するものではありません。依存関係が成立するためには意識的に行われるか無意識的に行われるかは問いませんが、両者の同意が必要となります。

　多くの場合、「困っている人を助けることは良いことだ」と教えられた私たちは、援助する者として振る舞うことに疑問を持つことは少ないようです。そして、知らず知らずのうちに援助を受ける者、与える者という関係、さらには依存関係を構築してしまいがちになります。

介護者自身が依存関係を求める場合も

　また、依存関係は要介護者から求められるばかりではありません。介護者自身が精神的弱者となる場合もあります。身体的弱者である要介護者を介護し、つながりを持つことで、要介護者に精神的依存を形成し、自らの安心を得ようとすることがあるのです。すべてのケースで当てはまるわけではありませんが、認知症の母親の介護をすることで、自分自身の存在価値を実感している子どもなどはその例の一つです。この子どもの場合、認知症の母親に対し精神的依存を形成しており、母親から離れることを嫌がるため、短期入所や通所介護の利用を拒否することがあります。

　私たちが要介護者との間で望んでいるものは、いつまでも介護者の庇護の下にいる要介護者と、自己満足的なコミュニケーションをとることではありません。互いを尊重し、要介護者の自立を手助けする健全なコミュニケーションをとることです。私たちは、要介護者が弱者をアピールすることによって、依存関係を申し込んできても、なるべくはねのけ、成熟した人間関係を要介護者に申し込むことが求められます。また、逆に介護者自身が精神的弱者となることも戒めなければなりません。真の人間関係こそが、要介護者の自立を促し、真の信頼関係をつくることができると信じることが大切です。

7. 要介護者の心理状態

さまざまな心理的変化が起こる可能性

反応の種類と特徴、対処法

　要介護者は疾患や身体の障害によりさまざまな心理的変化を来しやすいとされています。一般に疾患に対する要介護者の心理的反応として、次のようなものがあります。

表3　要介護者の心理的反応

```
1．無反応：今起こっていることが理解できず、混乱し反応できない状態
2．退行：子ども返りをし、他者への依存を高めている状態
3．疾患によるストレスから感情をなくすようにする心の働き
    抑制：必要に応じて一時的に考えないようにすること
    抑圧：無意識のうちに嫌なことに対する感情を押し殺すこと
    否認：嫌なことを認めないこと
4．不安（恐怖）
5．投影：自分の感情を他者に投影して、不安を軽減させている状態
    例）リハビリをやらない理由を、看護師が協力的でないからと訴えること
6．怒り：周囲の人に怒りの感情をぶつける状態
7．悲哀：悲しみを隠そうとせずに落胆する状態
8．受容：障害を受け入れ始めていく状態
```

　心理変化は刺激の種類や大きさによって決まるのではなく、精神状態や性格、身体状態など要介護者の内面の因子やその人の置かれている状況、関係者との関係性など、実にさまざまな要因が関与し合って、決定されます。そして、これらの心理状態は一方通行的に進んでいくものではなく、いろいろな段階を経験しながら、最終的には受容の段階を目指します。しかし、すべての人が受容できるわけではなく、受容しきれず、悲哀などの状態に留まる場合も少なくありません。

　要介護者とのコミュニケーションでは、要介護者の心理状態が、どの反応を示すことが多いかを観察して、適切なかかわりをすることが必要です。

第7章

セルフケア

1. セルフケア
2. 欲求不満と葛藤
3. ストレス
4. 介護者にとって介護とは何か

この章でお伝えすること

テーマ① 介護者は無理は禁物

「つい自分でできると過信して、介護者が頑張り過ぎてしまいます」

「無理を重ねると、ストレスが高まり、心身に症状が生まれ、その結果、要介護者との良好なコミュニケーションができなくなる場合があります。介護の質の低下につながる危険性もあるので、注意が必要です」

テーマ② ストレスを受けやすいタイプも

「ストレスに弱いタイプにはどういう特徴がありますか？」

「過剰適応型（過度に努力するタイプ）、完璧主義型、悲観思考型が特にストレスを受けやすいタイプといわれています。身体的にも、精神的にもさまざまな影響を受けてしまいます」

テーマ③ ストレス対処法

「どういう対処法がありますか？」

「自分でできる対処法として、自由な時間を設けたり、規則正しい生活を送ったり、自分に合ったリラックス法を試したり、友人と交流したりといったことが効果的です」

テーマ④ 介護という仕事を見つめ直す

「この仕事はストレスがたまりやすいのですね」

「考え方をしっかり持つことが大事です。介護という仕事にたずさわることで、自分の人生にどういう意味があるのかを考え、そこに価値を見出しましょう」

1. セルフケア

自分で気をつけ、対応すること

よりよい介護を実践するためにも、セルフケアが必要

　介護者は日々の介護やさまざま人間関係でストレス状態に陥りやすい環境にあります。他者に対しては「無理をしないように」と勧めていても、自分のことになるとつい頑張りすぎ、自分の感情や欲求を抑えて対応に追われてしまうことも少なくありません。ストレスが高じて、心身に症状が出始めると、他者との良好なコミュニケーションをとることが難しくなり、その結果、人間関係の悪化や介護の質の低下を招くことにつながります。よりよい介護、よりよいコミュニケーションをするためには、ストレスをやわらげ、負担を少しでも減らすことができるように自分自身をケア（セルフケア）することが必要になります。

　レヴィンらは、「健康に関してのセルフケアは、人々が自らの健康を増進すること、疾病を予防すること、病気を抑えること、健康を回復することを担う活動をいう。そしてそれらの活動は、専門の、あるいは一般的な経験から引き出された知識や技術に人々が通じることにより、専門家の援助を受けることなくなされるものをいう」と述べています。

ストレスについて理解を深め、対処法を学ぼう

　セルフケアとは、自分を大事にすることであり、自らの健康は自らが管理し、その結果に責任を持つという考え方です。そして、セルフケアを意識し、実践することは自分自身を守るだけでなく、相手を大事にすることにもつながります。特に介護の世界では、介護者の健康状態は、要介護者の健康状態に大きく影響を与えるため、介護負担の軽減は、疾患の治療と同じくらい重要視されています。

　セルフケアを行うためにはストレスについて理解を深め、その対応法を学ばなくてはなりません。そして日々の生活の中でそれらを実践していくことが重要です。

　日常生活の中で、自分の心身の状態に意識を向けることで、自らのストレスの状態を把握することができ、心身の不調に早期に対応することができるようになります。

2. 欲求不満と葛藤

心の不調の背景にあるもの

3つのタイプに分けられる葛藤

　欲求不満とは、「ある欲求の獲得が阻止されることによって精神的な不安が高まること」とされ、フラストレーションともいいます。欲求不満は、何かしらの障害により欲求が満たされないときに生じるか、葛藤により欲求が満たされない場合に起こるとされています。

　葛藤とは、2つ以上の欲求が同時に存在し、しかもどちらも同じくらい獲得したいと感じているときに、どちらを獲得すればよいか決定することができない状態であるといえます。

　葛藤には3つのタイプがあります。

①「接近―接近型」

　2つ以上の事象があったとき、どの事象も同じくらい獲得したいと感じる葛藤です。これはどちらも欲しいものですから、決定は割と楽に行えます。しかし、後になってから、もう一つの方が良かったのではと後悔することもあります。

②「回避―回避型」

　2つ以上の事象があるが、いずれも同じくらい獲得したくないという葛藤です。これはどちらも本来、手にしたくないものですから、決断に時間が掛かり、ストレスを自覚しやすい型です。

③「接近―回避型」

　目前の事象は一つだけですが、この事象を獲得したいと感じる一方で、獲得したくないとも感じさせる葛藤です。これは欲しいものと避けたいものが同時に存在していることになりますので、決断に時間が掛かることがあります。ポジティブ思考かネガティブ思考かで、選択は影響を受けます。

葛藤が長く持続すると攻撃行動に発展も

　人は葛藤が長期間持続すると心理的緊張が高まり、攻撃行動が見られやすくなるといわれています（フラストレーション攻撃仮説）。攻撃は他者だけに向けられるのではなく、自罰的な傾向のある人などは、自己に対し攻撃性を発揮し、抑うつや無力感を感じさせることがあります。

　葛藤を解決する方法としては、獲得したときや回避したときのメリットやデメリットなど、あらゆる事実を合理的に判断し、解決を図る方法があります。また、葛藤を引き起こしている自分の考え方の癖を理解し、対処する方法もあります。しかし、このような合理的解決が困難なケースでは、葛藤によるストレス症状を避けるために、無意識に防衛反応を選択し、葛藤を回避しようとします。

3. ストレス

ストレスの内容を知り、よりよい人間関係を築く

介護現場では日常的に感じる

　介護の現場では介護者、要介護者共に日常的にストレスを感じて生活しています。私たちは生きている限り、環境や心身の状態からさまざまな影響を受け、そしてそれらに対応しながら生活しているのです。そのため、ストレスについて学ぶことは、適切な人間関係を維持していく上でとても重要です。

①ストレスとは

　ストレスを引き起こすためには、人間関係や仕事などの精神緊張・心労・苦痛・寒冷・感染などのストレッサーと呼ばれる刺激が必要となります。生体はこれらのストレッサーに反応し、生体機能の変化を引き起こすことになります。

　私たちは生きている限り、ストレッサーにさらされて生きることになります。しかし、ストレッサーはすべてが悪いということではありません。適度なストレスは、適度な緊張感を引き出し、集中力とやる気を引き出すことができます。低過ぎるストレスでは動機付けにならないし、高過ぎるストレスでは、心身に不適切な反応を引き起こすことになります。

　また、同じ強度のストレッサーでも、人によりストレスへの抵抗性が異なるため、人によりストレスと感じる人と、全くストレスと感じない人がいます。このためストレスの感じ方には体の調子や疾患などの身体の状態や、性格、価値観など心の状態が大きく影響すると言われています。

②ストレスを受けやすい性格

　ストレス症状が出現しやすい人には共通の性格が見られ、いくつかのタイプに分類されています。

過剰適応型	周囲の期待に応えようと過度に努力し過ぎる
完璧主義型	課題を完璧に達成しようとするため、頑張り過ぎてしまう
悲観思考型	何事もマイナスに受け取り、自分を責める

③ストレス症状はどこに表れるか

　ストレス症状は身体、心、行動などあらゆるところに表れます。症状の出始めは目立たなく、本人も気がつくことはまれですが、徐々に症状が進むにつれ、気づくことになります。

　身体反応としては、発汗、肩こり、頭痛、めまい、下痢・便秘、胃痛、動悸、腰痛、過呼吸、慢性疲労等があります。心理反応としては憂うつ、イライラ、不安、意欲低下、過緊張、集中力の低下等が見られます。また、行動反応としては遅刻・欠勤、アルコール依存、過食・拒食、攻撃性、時に万引き、ギャンブルなどの反社会的行動が見られることがあります。

第7章 セルフケア

④ストレスの対処

ストレスそのものには良い面、悪い面があり、ストレスが全くない生活というものも望ましい生活ではありません。そのためストレスの対処法として考えられることは、ストレスを肯定的に受け止め、効果的な行動に結びつける工夫をすることです。しかし、その刺激が強過ぎたり、長期間に渡るときは、回避したり、刺激量を軽減する工夫も必要となります。

❶介護から自由になる時間を設ける

　介護ストレスの原因は、いまさら説明するまでもありませんが、介護そのものの苦労と介護にまつわる人間関係です。ストレスへの対応の基本は原因排除であり、介護にかかわらない時間を確保することが基本となります。そのためには、家族で介護をしている場合は、介護を一人だけに押し付けるのではなく、親戚を含めた家族で介護を分担することが必要となりますし、訪問介護やデイサービス、ショートステイなどの介護サービスを積極的に利用し、介護から離れる時間を確保することも大切です。

　また、実際の介護においても、**完璧主義を捨て、何でも一人で抱えこもうとしない姿勢が大事**です。人間のやる気や集中力、体力には限りがあります。これらは無尽蔵に湧き出てくるものではないので、効果的に用いなくてはなりません。ここぞというときに意識を集中して取り組み、そうでないときはペースを落として、オンオフをうまく使い分けることが必要となります。また、思い切っていったん介護の現場を離れることも必要となるかもしれません。

　しかし、いろいろな条件が重なり、介護の場を離れることが困難な場合もあるかと思いますので、その場合は、介護の間隙の時間を有効活用し、できるだけ一人の時間を作る工夫が必要です。

　自由時間を設けることができたら、運動でも読書でも、何であれ自分が心から楽しめる趣味に取り組むことができる時間に充ててください。一人で考える時間をつくることができなくなると、多くの場合、人は判断力や思考力が低下し、周囲の状況に振り回されやすくなるといわれています。

❷定期的な運動、適切な栄養、適度な睡眠

　体力の低下はストレス症状を引き起こしやすく、また介護は肉体的負担も大きく、腰痛や筋肉痛、関節痛などの障害を伴いやすいといわれています。そのため、運動、食事、休養に注意を払い、肉体的、精神的な疲労をできるだけ早く回復させることがストレスへの抵抗力を増加させることとなります。特に有酸素運動は代謝を促進し、興奮性物質を出す効果が期待できるとされています。公園や、森林などを散歩することは、有酸素運動をしながら精神的な解放感も得ることができるため、ストレスの軽減には効果的です。

　平成17年度に「独立行政法人日本スポーツ振興セン

ター」が行った「児童生徒の食生活等実態調査」によると、欠食した児童は、イライラや立ちくらみ等身体の不定愁訴を訴える割合が高いことが報告されています。また楽しんで食事をすることができていない児童も、同様に不定愁訴を訴える割合が高いということです。このため、食事は欠食することなく三食摂ること、しかもおいしく楽しんで食事をすることが大事であることが理解できます。

　適切な睡眠時間は個人差があり、一概に何時間と定められるものではありませんが、厚生労働省の「健康づくりのための睡眠指針検討会報告書（平成15年）」によると、10代では、8～10時間、成人～50代では6.5～7.5時間、60代以上では約6時間が快適と感じる平均的な睡眠時間と報告しています。しかし、自分に合った睡眠時間があり、あまりこの平均値にこだわる必要はありません。大事なことは気持ちよく寝て、気持ちよく起きることです。長く眠り過ぎると、逆に熟睡感が低下するとも報告されていますので注意してください。ストレスが高度になったり、うつ病を発症すると睡眠障害が出現しやすくなります。なかなか寝つけないとか、寝てもすぐに目が覚めるなどの症状が出現した場合は、早めに専門家に診てもらい、対処する必要があります。

❸リラックス法の実践

　呼吸法や瞑想、アロマテラピーなどそれぞれが気に入るものを選択し、日々の生活の中で取り入れることはストレス緩和に有効です。これらについては、作用機序の詳しい説明は省略しますが、いくつかの研究によりストレスを緩和する作用が認められるという報告が出されています。

❹友人との交流、自然や動物との交流

　友人の前では介護者の自分ではなく、本来の自分に戻ることができるため、友人と会話をしたり食事をすることはとても貴重な時間となります。お互いに刺激を与え合い、楽しむことができる時間を過ごすことはよい気分転換なり、精神的活力を得ることができます。

　また、自然や動物に触れることも気分転換に効果的です。

❺適切な自己評価

　自分自身の現時点での能力と、自分が期待している能力とに差があると、その差を埋めようと成長への意欲が高まり、自己実現に向けた努力を始めます。しかし、その差があまりにも大き過ぎることにより、現状の自分の能力を否定してしまうと、その差はストレスの原因となります。適切な自己評価をし、適切な目標設定ができれば、また、現状を否認することなく受け入れることができれば、ストレスを軽減させることが期待できます。

表1　ストレスケア

1．ストレス悪化の防止
　① ストレッサーにかかわらない、距離を置く、無視する
　② 必要最低限のことだけにかかわる
　③ 新たな行動をしない
　④ やりたくないことは勇気を出して断る
　⑤ 自分の考え方の癖に気づく

2．活力の回復
　① 生活リズムを整える（運動、食事、睡眠）
　② 自分がしたいことをする（多少わがままでもよい）
　③ 自分だけの時間をとる
　④ 自然や動物に触れる
　⑤ 自分のリラックス法を実践する

❻完璧主義を捨てる

　良い介護者であろうと努力することは必要ですが、すべてのものを完璧にこなすことは誰にもできません。100点満点を目指し努力することは大事ですが、100点以外は認めないという気持ちがあるとしたら、それは問題です。より良いものを目指す努力は大切ですが、時には平均点を受け入れる度量の広さが求められます。

❼大声を出したりして、発散する

　誰にも迷惑の掛からない場所で大きな声を出したり、歌ったりすることは気分転換に効果があります。場所としては浴室がよいでしょう。

4. 介護者にとって介護とは何か

被害者になるか、挑戦者になるか？

介護はあなたの人生にどんな意味があるのか？

　目前の避けられない大きな出来事に直面したとき、人は２つの選択を迫られます。それは被害者になるか、挑戦者になるかということです。あまりにも大きな出来事の前で立ちすくみ、自分の可能性を放棄して被害者として、その出来事に振り回されるのか、自分の可能性を信じて、何度でも挑戦していくかの選択を迫られます。V.E.フランクル（ユダヤ人の精神科医　1905-1997）は第二次世界大戦のとき、強制収容所に強制収容されました。そこでフランクルは絶望の中で自殺を図ろうとする人々を思いとどまらせました。フランクルはその人に、**あなたの人生を意味のあるものにするために、あなたは何ができるか**を問いました。人生の意味を求めるのではなく、人生に意味を持たせるためにあなたができることを求めたのです。介護は肉体的、精神的負担が大きく、介護にかかわる者はあらゆる面でストレスを感じています。中には介護そのものに耐え切れなくなり、職を離れる人もいます。

　私たちは要介護者の介護にかかわるときに、自ら積極的に自分の問題として介護をとらえることが必要だと思います。**介護にどのような意味があるかではなく、あなた自身が介護を行うことで、あなた自身の人生にどのような意味を持たせるのか**を考えることが必要なのではないかと思います。介護をすることは要介護者のためだけではありません。介護を通じて介護者自身もケアされています。介護を単に仕事だから、家族だから仕方がないといって片手間に取り扱うことは、自分自身の人生を片手間に取り扱うことと同じことです。自分が行っていることに意味を与えられないのであれば、自分の人生にどのように意味を与えることができるのでしょうか。**あなたの介護が価値のあるものかどうかは、あなたの人生が価値のあるものかどうかと同じことなのです**。

　最後になりますが、他者を援助するためには、まず自分を援助しなくてはなりません。無理を重ねれば必ず破綻しますし、効果的な援助も望むことはできません。効果的なコミュニケーションは、自己受容、自尊心を基礎とした上で自己覚知と人間心理を理解し、そしてコミュニケーションの目的を意識することが重要です。スキルの習得だけでコミュニケーションは上達しません。相手も自分も尊重した関係を目指すことで、真のコミュニケーションが生まれるのです。

特別編

コミュニケーション困難事例の対処法

　ケアワーカー（介護従事者）は介護現場において、利用者（入所者）、ご家族、同僚、上司と、非常に多くの関係者とコミュニケーションをとらなくてはなりません。しかし、中には、適切なコミュニケーションが取りづらかったり、対応に苦慮する場面も出てきます。ここでは、多くのケアワーカー（介護従事者）が困難と感じている事例を集め、どのように対応すべきか、効果的な方法を会話例にて提示します。

1. 介護施設でのコミュニケーション

1）ケアワーカーと入所者（利用者）

P　入所者（利用者）
C　ケアワーカー

①頑固で、話を聴かない入所者とのコミュニケーション
- P　早く食事を持ってきてくれ。腹が減って仕方がない。俺のところに一番に持ってきてくれ。
- C　Pさん。まだ、食事の時間ではないので、もう少しお待ちください。
- P　何を言っているんだ。腹が減っているんだから、すぐに持って来い。（怒り顔）
- C　ごめんなさい。私もお腹が空いているけど、我慢しています。Pさんは、私より、大先輩だから、一緒にあと5分頑張りましょう。厨房の方にお願いしてきますから。
- P　なに！？　俺は我慢できない。早くしろ！（テーブルを叩いてイライラしている）
- C　すみません。では、電話をしてもう一度お願いしてみますから、私のところに来てください。（電話のそばに来ていただき、厨房に電話をする）
- P　分かった。（そばに来る）
- C　（事前に事情を話してあるので、本人に電話で話をしてもらう）
- P　（怒り言葉から、静かに電話で話をしている。納得した様子）

②認知症で、帰宅願望の強い利用者への対応
- P　私は、なぜここにいるの。早く、主人を呼んでください。
- C　ごめんなさい。今日ね、ご主人からお願いされて、泊まっていただくことになりました。明日になるとお迎えにいらっしゃるそうですから。今晩は、ここで、お泊りになってください。
- P　そんなことないわ。私がいてあげないと、主人が大変なの。
- C　何だか、今日は、ご主人の会社の方の用事で、お出掛けになってしまったみたいですよ。だから、奥さまが、お1人で、お留守番されるのが、ご心配で、ここにご相談されたようです。優しいご主人ですね。
- P　そうなの。優しいのよ。仕方がないわね。明日まで、ここに置いていただくわ。（納得した様子）

③認知症で徘徊し、他の利用者の部屋に入って行ってしまい、ベッドに寝てしまっている利用者への対応
- C　Pさん。大変、大変、ここは、Aさんのベッドでした。ごめんなさい。Pさんのベッドにご案内しますね。
- P　（なかなか起きようとしない）違う。ここが僕の部屋だよ。
- C　同じ部屋のつくりだから、私が間違えて、ご案内してしまいました。本当にごめんなさい。
- P　（しぶしぶと起きだし、Cに連れられて、自分の部屋に戻る）

④自慢話を繰り返し行う入所者への対応
- P　私はね。元気なときは、一生懸命働いて家を3回建てたんだよ。大変だったけどね。子どもたちもよくできてね。2人とも、ストレートで、国立大学に入って、今は大手の会社で、課長をしている。だから、私は、何も心配していないんだよ。(同じ言葉を繰り返し、繰り返し話し、職員や入所者もうんざりしている)
- C　大したもんですね。なかなかそんなことできませんよ。Pさんだからできたんですね。
- P　そうなんだよ。あんたにも教えてやるよ。(自慢顔)
- C　お話をお聴きすると、いつもすごいなーと思っています。私ばかりではなく、皆さんも、いつもお話しいただいているから、そう思っておいでの筈ですよ。Pさんには、かないませんね。
- P　そうかい。うれしいね。
- C　Pさん、せっかくですから、ここでも、お元気なときのように、一生懸命、皆さんのお手本になるように期待していますね。よろしくお願いしますね。
- P　(満足そうに納得する)

2）同僚同士のコミュニケーション　　　　L　リーダー

①リーダーが、日勤スタッフに要観察者の状況を伝える場合
- L　今日は、Aさんが、昨夜から発熱していて、4点クーリングをしています。声掛けや食事介助時の様子に変化があったら、連絡してください。
- C　すみません。何か変化があったらとのことですが、具体的にはどんなことですか？
- L　ごめんなさい。例えば、汗をたくさんかいていたり、手足が冷たかったり、呼吸が速かったり、ゼイゼイしていたり、顔が赤くなっていたり、食事の食べ方がいつもより遅かったり、水分が飲み込めなかったりしたら教えてください。
- C　分かりました。身体の様子といっても、人によって取り方が違うから、教えてほしかったんです。
- L　よく分かりました。今後気をつけていきます。では、よろしくお願いします。

②日勤から夜勤へ申し送りをするが、日勤でやりきれなかった仕事を夜勤者に依頼する場合
- L　夜勤者さん、すみませんが、夜勤帯でやってほしいことがありますので、お願いできませんか？
- C　えー？　今晩ですか。明日の日勤者にお願いできませんか？
- L　ごめんなさい。明日は、入浴日で1人休みがいるし無理なの。できれば、今晩落ち着いた時間でお願いしたいんだけど。
- C　だったら、今日の日勤者が残ったらいいじゃないですか。
- L　そうも考えたんだけど、今日の日勤者は、もう予定が入っていて残れる人がいないのよ。できる範囲でいいので、2人で協力してやってほしいの。今日の2人だから安心してお願いしたいの。お願いします。

- C　もう！　しょうがないですね。できるところまでしかやりませんよ。それで、いいですか。
- L　ありがとう。できるところまででいいからお願いします。
- C　分かりました。

③ケアワーカーが上司へ要観察、特変者（特別に変化のある者）の要点をとらえた報告をする場合　　　　　　　　　　　　　　　　　　　　　　　　S　　主任
- C　主任、本日の要観察者及び特変者について報告します。205号室Aさん、昨夜から熱発で、KT38.8℃あり、4点クーリングにてKT37.0℃まで、解熱しています。医務からは、水分補給の指示があり、10時、3時の水分補給以外で、11時、4時に追加して200mlずつ摂取しています。排尿も赤い尿でしたが、午後からは、普通より少し濃い色に変化しています。発熱の原因は、不明ですが、頓服せずに様子を観察します。再度38.0℃以上の場合は、医務と相談していきます。
- S　はい。分かりました。注意して観察していきましょう。
- C　特変者の210号室Bさんですが、昼食介助時、右へ傾きが強くなり、医務に相談しています。バイタルは変化がありませんが、眠剤の変更が昨夜からあり、朝食も未摂取でした。今晩の眠剤は、中止して様子を観察するよう指示されています。転倒も心配です。今晩だけお部屋の移動などした方がいいでしょうか？
- S　そうですね。フロアーに近い部屋に臨時で移動しましょう。夜勤者に、注意点を申し送っておいてください。今晩、眠剤を服用しないと眠らないかもしれないので、医務にどうしたらよいか相談しておいてください。
- C　はい。分かりました。医務との相談の結果は、後ほどお伝えします。

3）入所者同士のいさかいへの対応

①入所者が集まったフロアーで、職員が入所者の一人から別の入所者の告げ口をされた場合
- P　Cさん、あのね、Aさんね、若いときに「芸者さん」だったそうで、男の人が好きなのよ。いやーねえ。
- C　Pさん、でも今は、Aさんは皆さんのお手伝いをしてくれたり、元気に体操の声掛けしてくれたり、一緒に外出のとき、車椅子を押してくれたりして、Pさんのことも大事にしてくれているじゃないですか。
- P　そうだけど、そんなことして目立って、男の人の気を引こうとしているのよ。
- C　そうかしら？　Pさんだってそんな話、聞かなかったらAさんのことそんな風に思わなかったでしょう。一生懸命生きてきたんだからみんな。いいとこだけ見て、お付き合いできないかしら。
- P　そんな、あんたに言われなくたって分かっているわよ。でもね、目立つのが嫌なのよ。
- C　Pさん、Aさんに負けず、素敵よ。お子さんたちもいつも来てくれて、皆さん素敵な方ですもんね。Pさんがどんなに大事に育ててきたかよく分かりますよ。そんな

Pさんですもん。皆さん認めていますよ。だから、そんなことで、Aさんと良くない関係をつくってしまったら、大変、大変。そんなことないですよね。
- **P** そうかしら。皆さんも私のことちゃんと分かってくださっていたのね。うれしいわ。もう言わないわ。ごめんなさい。
- **C** さすが、Pさんね。本当にありがとうございます。私も尊敬しています。

4）家族とのコミュニケーションをとる場合　　　　F　家族

①面会に来る家族に、入所者の様子を伝える場合
- **C** こんにちは。いつも面会ありがとうございます。お元気でしたか？
- **F** ありがとうございます。いつもご迷惑をお掛けします。
- **C** いいえ、そんなことありませんよ。Aさん、最近、とてもお元気ですよ。顔色も良くなって、お友だちもできたんですよ。いつも、Bさんと一緒に、音楽や、フラワーアレンジメントをしていますよ。主治医の先生も、「心配いらない」と話していましたから、安心してください。
- **F** 本当ですか。家では、あんまり話もしないで、私と喧嘩ばかりしていたのにね。違うんですね。安心しました。よろしくお願いします。
- **C** はい。承知いたしました。

②面会に来た家族が、入所者の青あざを見て、不満をぶつけてきた場合
- **F** ワーカーさん、家のおばあちゃんの右腕にあざがあるけど、どうしたんですか？
- **C** こんにちは。Aさんのお姉さまですか？
- **F** はい。今日久しぶりに面会に来たら、あざがあってびっくりしてしまって、どうしたんですか？
- **C** 申し訳ありません。息子さんには、お電話を昨日入れてあるんですが、昨日の昼にトイレに行ったときに、手すりにぶつかってしまって、内出血を起こしたんです。医務の看護師に見てもらって、主治医に連絡したんですが、腫れや痛みがなければ、冷やすだけで、様子を見るように言われています。昨日の今日なので、少し、内出血の範囲が広がってしまったんですが、腫れも昨日より引いてきていますので、少し時間が掛かりますが治りますので、ご安心ください。
- **F** そうなの。びっくりしたわ。早く言っていただければ、良かったのに。
- **C** すみません。いらっしゃったことに気がつきませんで、本当に申し訳ありません。
- **F** 仕方がないわね。よろしくお願いしますね。
- **C** はい。大切に看させていただきます。本当に申し訳ありませんでした。

2. 訪問介護でのコミュニケーション

1）ヘルパーと利用者の場合

①サービス提供責任者（以下、サ責）が利用者に訪問時間や内容を説明したが、担当のヘルパーが利用者宅へ行くと、利用時間は理解しているが、ケア内容は十分に理解していない。ヘルパーが何でもしてくれると思って用事を頼むので、できないことをヘルパーが説明する場合

- P　ヘルパーさん、まだ時間があるでしょう。ついでに、ここ、窓も汚いから拭いてよ。
- C　すみません。介護計画書の内容をサ責から聞いているんですが、窓掃除はありませんので、できません。居間と寝室のお掃除も済みましたのでゴミをまとめておきます。
- P　そんなこと言わないで、誰も見ていないんだからやってくれてもいいじゃない。こんな年寄りにはできないんだから。
- C　すみませんね。私たちも上司に報告しなければならないから、できないんですよ。ごめんなさい。
- P　なんて、薄情なんだろうね。奉仕の精神でやってくれればいいのに。
- C　本当にすみません。窓掃除とかは、私では決められないので、ご自分で、ヘルパーステーションに電話を入れてください。そうして、許可があったら行います。私がクビになってしまいますから。私も困りますので、すみません。
- P　仕方がないわね。

②老老介護で、ご主人しかサービスの依頼を受けていないが、奥さまが腰痛になった。本来、奥さまが行う家事・掃除などをヘルパーが行うべきか迷いが生じた場合

- C　まあ、奥さまはどうなさったんですか？
- P　土間で転んでしまって、腰を打ったんです。ご飯の支度もできなくて困っていました。ちょうどいいところに来ていただいて、ありがたい。
- C　まあ、大変ですね。すぐに、上司に連絡してみます。（上司から、有料サービスを入れて良いとの指示があり、料金を説明し、サービスに入る）
- P　助かります。これから、子どもに連絡して、病院に連れて行ってもらいます。暫らくの間、サービスをお願いできませんかね？
- C　では、他の手続きとか、私には分かりませんので、担当の上司に訪問してもらえるよう連絡しておきます。お大事にしてください。

③あるヘルパーに物を盗られたと、訪問した別のヘルパーに利用者が訴えた場合

- P　この前のヘルパーさんが、私の買い物のお釣りを持っていってしまったの。大した金額じゃないから、誰にも言わないでね。
- C　いつのことですか。

- P 先週の火曜日よ。洗剤とお米を買ってきていただいて、そのお釣りよ。
- C おいくらですか？
- P 1,800円よ。
- C 大した金額じゃなくても、それはだめですよ。他に置いた所とかないんですか？
- P 私がぼけていると思っているの？
- C いいえ、違います。私もうっかりしてしまうことがあるんで。ごめんなさい。
- P いいのよ。あんまり騒ぎにならないようにしたいのよ。
- C でも、私もお仕事でうかがっていますので、これは、会社としても信用問題になりますから、黙っている訳には参りません。担当の上司にだけ、報告していいですか？
- P あんまり、大騒ぎしないでくださいね。決まりなら仕方がないけど。大げさね。本当は、やめてほしいわ。
- C Aさん、すみません。大げさな言い方をしてしまいましたね。ご心配しないでください。やはり、お金は、10円でもいやな気持になるので、Aさんが、私にお話しいただけたことは、本当に感謝しています。でもね、お金は大切なものだからお聴きしたことは、他の者には話しませんが、上司にだけは報告させていただけませんか？
- P そうね。仕方がないわね。これからもお願いしたいからね。

　　（納得した様子。ヘルパーは、上司に報告し、対応してもらうことにした）

2）ヘルパーと家族とのコミュニケーション

①別居している長男が、母親の変化を理解できず、援助方法についてヘルパーに、不満を訴える。

- F ヘルパーさん、母は、自分のことは自分でできる人だから必要以上に手を貸さないでください。
- C そうですね。頑張り屋さんで、一生懸命ご自分でおやりになろうとしているのですが、最近、手の震えが強くなっています。今までご自分で、着替えなどもなさっていたのですが、チャックやボタンができずに、イライラなさっておられました。そのために、外出やお買い物にも出られなくなり、次第に、足の運びも悪くなり、余計に、気力をなくしておられました。そのために、以前は、ご本人の指示で、お手伝いできるところをしていたのですが、最近は、ほとんど介助をしています。少しでも、以前のように「外出やお買い物に行きたい」という気持ちになっていただけるように、お手伝いをさせていただいております。お嬢さまとは、お話をして進めておりましたが、申し訳ありませんでした。
- F でも、そんなに悪くなっているんですか？
- C はい。介護度も以前は、要介護2だったんですが、今は4です。ヘルパーも毎日訪問させていただいて、着替えや調理、買い物、掃除、洗濯などをさせていただいています。よくお1人で頑張っておられましたから、現在の状況を維持されているんではないでしょうか？　ケアマネさんや主治医の先生もそうお話ししておりました。
- F そうですか。でも、まだ信じられませんね。元気な母だったのに。

- C そうですね。できることはなるべくご自分でなさるように、心掛けてお母さまの負担にならないようにお手伝いしていきますので、ご理解ください。
- F 分かりました。よろしくお願いします。

②訪問介護から帰ろうとすると、お礼にと5,000円を渡された。受け取れないので、返したい場合

- P いつもお世話になってありがとうございます。これは、私の気持ちだから持って行ってください。（ポケットにお金を押し込んだ）
- C 困ります。私たちは、お仕事をさせていただいていますからご心配はいりません。お気遣いなさらないでください。
- P そんなこと言わないで、黙っていれば分からないから取っておいてください。
- C 本当に困ります。私がいただくと、会社をクビになってしまいます。すみません。
- P そんなことないでしょう。本当に私の気持ちだから。
- C いいえ、Aさんのお気持ちは、本当に身にしみて分かっていますから、これからもここでお手伝いさせていただきたいので、許してください。すみません。（お金を戻す）
- P あなたも律儀だわね。黙っていれば分からないでしょう。
- C いいえ、私が後ろめたくなるし、Aさんのところにうかがえなくなります。そうなりたくないのです。本当にごめんなさい。これからもよろしくお願いします。
- P まあ、仕方がないわね。あなたにいつまでも来てほしいものね。
- C ありがとうございます。また、うかがいますね。

プロフィール

●著者　及　川　信　哉（おいかわ・しんや）
　　　　医療法人社団 曙光会 理事長

1991年北里大学薬学部卒業後杏林大学医学部編入。1995年杏林大学卒業。病院での医療を通じて在宅医療の必要性を感じ、在宅医療を実践するためにクリニックを開設。2000年より医療法人社団曙光会理事長に就任。その後、在宅医療を通じ人との関わりの重要性を感じ、神経言語プログラミングやコーチングの研修を始める。介護施設や医療施設で医療・介護関係者にコミュニケーション研修を積極的に実施している。

改訂版　介護現場でのコミュニケーションを考える

平成22年４月　　初　版　発行
平成23年10月　　第２刷
平成25年７月　　第３刷
平成30年６月　　改訂版　発行
令和２年９月　　第２刷

定価（本体1,200円＋税）

編集・発行／公益財団法人　介護労働安定センター
〒116-0002
東京都荒川区荒川７−50−９　センターまちや　５階
電　話　03−5901−3090　　ＦＡＸ　03−5901−3042
　　ISBN978-4-907035-53-2　C3036　￥1200E
（取扱　官報販売所5114）

禁無断転載